HISTOIRE

DE

MARIE-THÉRÈSE

D'AUTRICHE

IMPÉRATRICE D'ALLEMAGNE, REINE DE HONGRIE ET DE BOHÊME

PAR J.-J.-E. ROY

Alfred MAME et fils
Éditeurs
Tours

CHAPITRE VIII

CHAPITRE IX

CHAPITRE X

TABLE 237

HISTOIRE

DE

MARIE-THÉRÈSE

2e SÉRIE IN-8o

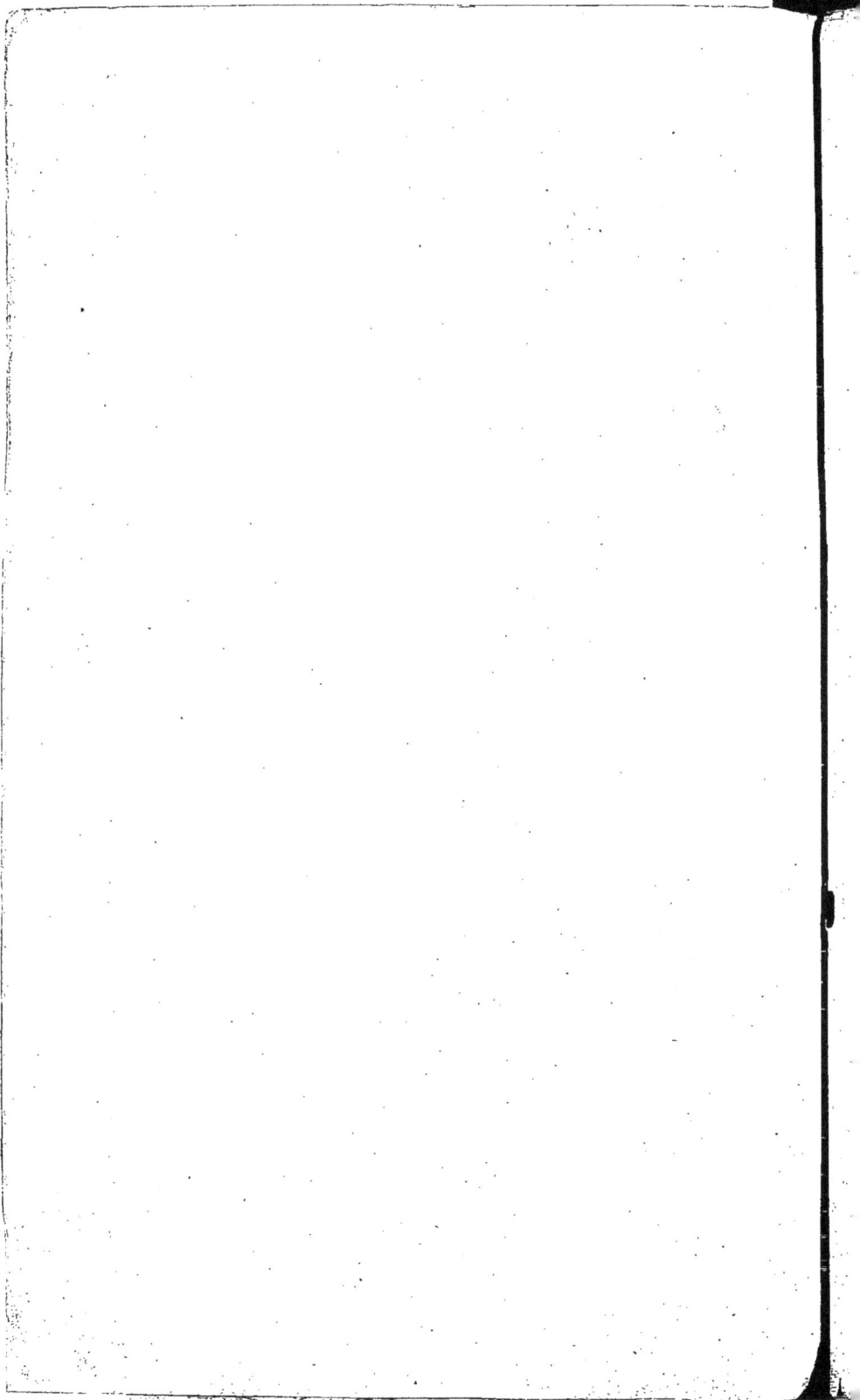

« Mourons pour notre roi Marie-Thérèse ! » (P. 55.)

HISTOIRE

DE

MARIE-THÉRÈSE

D'AUTRICHE

IMPÉRATRICE D'ALLEMAGNE, REINE DE HONGRIE ET DE BOHÊME

PAR

J.-J.-E. ROY

NOUVELLE ÉDITION

TOURS

ALFRED MAME ET FILS, ÉDITEURS

M DCCC XC

HISTOIRE

DE

MARIE-THÉRÈSE

D'AUTRICHE

―――▷✦◁―――

CHAPITRE I

Naissance de Marie-Thérèse. — L'empereur lui destine la succession
de ses États héréditaires. — Défaut de principes fixes sur le droit de
succession. — La *pragmatique sanction*. — Différence entre les États
de l'empire d'Allemagne et les États de la maison d'Autriche. — Coup
d'œil historique sur l'ancienne maison d'Autriche ou Autriche-Habs-
bourg. — Guerre pour la succession d'Espagne. — Traités. — La
pragmatique sanction reconnue par toute l'Europe, excepté par la
France, la Bavière et la Saxe. — Éducation de Marie-Thérèse. —
Guerre à l'occasion de la succession de Pologne. — Après cette
guerre, la France et la Saxe reconnaissent la pragmatique sanction.
— Mariage de Marie-Thérèse avec François de Lorraine, devenu
grand-duc de Toscane. — Guerre malheureuse contre les Turcs. —
Paix de Belgrade. — Mort de Charles VI, empereur, et de Frédéric-
Guillaume, roi de Prusse.

Marie-Thérèse d'Autriche [1], fille de l'empereur
Charles VI et d'Élisabeth-Christine de Brunswick-
Wolfenbuttel, naquit à Vienne le 17 mai 1717 ; l'an-

[1] Elle reçut au baptême les prénoms de Marie-Thérèse-Walpurge-
Amélie-Christine.

née suivante, l'impératrice donna le jour à une autre princesse, nommée Marie-Anne. Ces deux filles étaient les seuls enfants qui restassent à l'empereur de son mariage avec la princesse de Brunswick; il avait perdu, l'année qui précéda la naissance de Marie-Thérèse, un fils encore au berceau. Dès lors il éleva sa fille aînée dans la perspective de la faire héritière de ses États.

En général, à cette époque, le droit de succession pour toutes les familles princières de l'Allemagne, et même d'une partie de l'Europe, était mal défini et très vicieux : les principes du droit romain et du droit allemand étaient souvent en contradiction. C'est ce défaut de principes arrêtés qui avait occasionné la guerre de la succession d'Espagne, lutte qui avait ensanglanté l'Europe pendant tant d'années, et jeté un voile si sombre sur les dernières années du règne de Louis XIV.

Cette guerre n'était pas encore terminée, que Charles VI, voulant prévenir de semblables débats après sa mort, fit réunir les articles de l'ordre de succession, établis par l'empereur Ferdinand II et confirmés par Léopold Ier, dans un code complet qu'il nomma *pragmatique sanction*[1], et le fit publier

---

[1] Cette expression hybride est empruntée du code romain; elle est formée du mot grec πρᾶγμα (*pragma*), qui signifie *affaire*, et du mot latin *sanctio*, qui signifie *ordonnance*. Dans l'origine, une pragmatique sanction n'était autre chose qu'une ordonnance du souverain rendue à la requête de quelqu'un, et, dans une acception plus étroite, rendue à la requête ou dans les affaires d'une corporation, d'un collège, d'un ordre. En France, ces mots expriment plus particulièrement un statut, un règlement ecclésiastique émanant abusivement du souverain. Nous

dans son conseil le 19 avril 1713, au temps même où se négociait la paix d'Utrecht. Aux termes de cet acte souverain, les États de la maison d'Autriche devaient échoir aux descendants mâles de Charles VI ou à ses filles, et, à défaut de celles-ci, aux princesses filles de l'empereur Joseph Iᵉʳ (frère aîné et prédécesseur immédiat de Charles VI), et à leurs descendants mâles ou femelles ; puis à ses sœurs et à leurs descendants des deux sexes ; enfin à tous les héritiers de la maison d'Autriche, toutefois d'après le droit de primogéniture et dans l'ordre de la succession des branches.

Il est à remarquer qu'à l'époque où Charles VI publia ce règlement il n'avait pas encore d'enfants, quoiqu'il fût marié depuis huit ans. On conçoit quelle importance il attacha à la pragmatique sanction, quand il ne se vit d'autres héritiers directs que des filles. Il soumit cet acte d'abord à l'approbation de ses différents États héréditaires (1720-1724), puis il le fit reconnaître par tout l'empire allemand, et enfin par toutes les puissances de l'Europe.

Puisque nous venons de parler des États héréditaires de Charles VI et des États de l'empire d'Allemagne, il est bon de rappeler en peu de mots à nos jeunes lecteurs, pour l'intelligence de l'histoire de

avons eu deux pragmatiques célèbres : l'une faussement attribuée à saint Louis, en six articles, promulguée au xivᵉ siècle ; l'autre de Charles VII, du 7 juillet 1438. Dans la pragmatique sanction de Charles VI, dont nous parlons ici, il n'était question que d'intérêts civils, puisqu'il s'agissait de déterminer la succession de ce prince ; mais elle n'en est pas pour cela moins célèbre, par suite des guerres dont elle a été l'origine, tout en croyant les prévenir.

1*

Marie-Thérèse, la différence qu'il y avait, par rapport à son père et à sa famille, entre ces deux espèces d'États. Voyons d'abord ce qu'était à cette époque l'empire d'Allemagne.

Formé du démembrement de l'empire de Charlemagne vers la fin du IXe siècle, il était composé d'un grand nombre d'États plus ou moins puissants, à peu de chose près les mêmes que ceux qui constituent ce que nous appelons aujourd'hui la Confédération germanique, sauf les modifications qui y ont été apportées à différentes époques par les guerres intestines et par l'extinction de quelques puissantes familles. Chaque État était gouverné par un prince souverain, sous le nom de duc, de comte, de landgrave, de margrave, etc., qui transmettait son titre et sa souveraineté à ses descendants. L'empereur était élu parmi ces princes particuliers, et ordinairement choisi dans une des plus puissantes familles, dans laquelle la couronne impériale se conservait quelquefois longtemps, sans cependant être jamais héréditaire. Ainsi cette couronne resta d'abord près d'un siècle dans la famille de Saxe (de Henri l'Oiseleur à Henri II dit le Saint); puis elle passa à la famille de Franconie; puis à celle de Souabe, dans laquelle elle resta jusqu'à l'extinction de cette famille, en 1250. Après vingt ans d'anarchie, un duc d'Autriche, Rodolphe Ier, de l'antique maison de Habsbourg, fut élu empereur en 1273. Deux princes de cette famille lui succédèrent; puis la couronne impériale fut donnée à la famille de Luxembourg, qui compte six

empereurs, de 1308 à 1438. Ce fut l'un de ces empereurs, Charles IV, qui donna la loi fondamentale de l'empire germanique, loi connue sous le nom de *Bulle d'or,* et qui avait pour objet de consacrer les sept électeurs primitifs, chargés de donner la couronne impériale. Autrefois l'élection se faisait dans les assemblées générales de la diète.

En 1438, la couronne impériale revint dans la maison de Habsbourg ou *ancienne Autriche,* et y resta jusqu'en 1806, époque où l'empire d'Allemagne fut dissous par Napoléon Ier. Ce fut alors que l'empereur François II, de la maison de Lorraine-Autriche, quitta le titre électif d'empereur d'Allemagne pour prendre celui d'empereur héréditaire d'Autriche. Jusque-là l'Autriche n'avait porté d'autre titre que celui de duché d'abord, puis d'archiduché, que lui avait conféré l'empereur Frédéric III en 1440.

Disons ici ce qu'était d'abord cet héritage d'Autriche, et les provinces dont il était composé. C'étaient les duchés d'Autriche, de Styrie, de Carniole et de Carinthie. Toutes ces contrées, dans le principe, avaient fait partie du duché de Bavière; elles en furent affranchies et démembrées sous Henri le Superbe et Henri le Lion, lors de la querelle des Welf et des Hohenstoffen. Leur dernier souverain mourut en 1246, ne laissant que deux sœurs et une nièce. Tous ces États, composés de fiefs féminins, devinrent alors le sujet de grandes contestations. Ottocar, roi de Bohême, s'étant injustement emparé de ce riche héritage à la faveur des troubles qui dé-

solaient l'empire, en fut dépouillé par Rodolphe de Habsbourg, qui s'en empara pour lui-même et le transmit à ses descendants.

Telle fut l'origine des États héréditaires de la maison d'Autriche ; mais ce ne fut qu'un noyau qui ne cessa de s'accroître, dans la suite surtout, par des alliances et par des mariages plus encore que par des conquêtes [1]. C'est ainsi que les royaumes de Bohême et de Hongrie passèrent dans la maison d'Autriche, puis une partie de l'immense héritage de la maison de Bourgogne, quand Marie, unique héritière et fille de Charles le Téméraire, dernier duc de Bourgogne, épousa Maximilien, archiduc d'Autriche, et depuis empereur d'Allemagne. Cette dernière alliance donna à la maison d'Autriche les comtés de Flandre, d'Artois et de Bourgogne (Franche-Comté), les duchés de Brabant, de Luxembourg et Limbourg, les comtés de Hainaut, Hollande, Zélande et Frise, et enfin le duché de Gueldres.

Si Maximilien avait fait un riche mariage, Philippe le Beau, son fils, qui mourut avant lui, en fit un autre plus heureux et plus riche encore : il épousa Jeanne, fille d'Isabelle, reine de Castille, et de Ferdinand, roi d'Aragon, de Majorque, de Sardaigne, de Naples et de Sicile.

Le fameux Charles-Quint naquit de ce mariage. Si la fortune peut se prendre pour le bonheur, certainement jamais mortel ne dut paraître plus heureux

[1] *Bella gerant alii; tu, felix Austria, nube.*

que ce prince : à dix-neuf ans, il se trouva tout à la
fois empereur d'Allemagne et héritier des maisons

Charles-Quint au monastère de Saint-Just

d'Autriche, de Bourgogne, de Castille, d'Aragon et
de Naples, tandis que, d'un autre côté, on découvrait
en son nom un nouvel hémisphère et des trésors in-

calculables. Charles-Quint fut le plus grand et le pus puissant prince de son temps ; il donna le ton à l'Europe, et lui fit craindre plus d'une fois de l'avoir pour maître et monarque universel. Enfin ce prince, fatigué du monde, dégoûté de toutes ses grandeurs, abdiqua ses couronnes à l'âge de cinquante-six ans et se retira dans un monastère, traînant avec lui l'ennui d'un cœur tout étonné de chercher encore le bonheur après avoir possédé jusqu'à la satiété tout ce que peuvent rêver les plus avides des hommes.

Charles-Quint, en abdiquant, avait laissé à son fils Philippe la couronne d'Espagne, de Naples, de Sicile et des Indes, et à son frère Ferdinand tout ce qu'il possédait en Allemagne des anciens États de la maison d'Autriche. Ainsi la maison d'Autriche se trouva partagée en deux lignes souveraines également puissantes, la ligne espagnole et la ligne allemande, conservant toujours l'une et l'autre le nom d'Autriche.

La ligne austro-espagnole n'eut que quatre souverains après Charles-Quint : Philippe II, Philippe III, Philippe IV et Charles II, qui mourut sans postérité à la fin du xviiᵉ siècle, en instituant par testament, pour son héritier, le second fils du dauphin de France, petit-fils de Louis XIV [1]. Ce testament, accepté par Louis XIV, donna lieu à une guerre générale en Europe, connue sous le nom de *guerre de*

---

[1] Louis XIV ayant épousé Marie-Thérèse d'Autriche, fille de Philippe IV et sœur de Charles II, son petit-fils se trouvait un des plus proches héritiers légitimes de la couronne d'Espagne.

la succession d'Espagne. La ligne autrichienne d'Allemagne ne pouvait manquer d'élever des prétentions à cette succession. Charles VI, qui n'était alors qu'archiduc d'Autriche, se mit sur les rangs, soutenu par son frère Joseph Ier, empereur d'Allemagne, par l'Angleterre, la Hollande, la Prusse, la Savoie, qui redoutaient de voir la France devenir une puissance immense, en plaçant un prince de la maison de Bourbon sur les trônes d'Espagne, de Naples et des Indes. Cette guerre, malheureuse pour la France et l'Espagne, fut une source de gloire pour les alliés. Le célèbre Marlborough y fut le héros des Anglais, Eugène celui des Impériaux; Villars sauva la France, le duc de Vendôme l'Espagne, et Heinsius conduisit les affaires de Hollande.

La mort de l'empereur Joseph et l'élection de son frère Charles pour lui succéder changèrent les dispositions des alliés à l'égard de celui-ci. Maintenant que, de simple archiduc d'Autriche, il était devenu héritier des domaines de sa maison et possesseur de la couronne impériale, s'il y eût encore ajouté l'Espagne et ses dépendances, il serait devenu aussi puissant et aussi redoutable que Charles-Quint. Ces motifs déterminèrent les alliés à traiter avec la France, et c'est alors que se conclut la paix d'Utrecht entre les principales parties belligérantes, à l'exception de Charles VI, qui ne voulut pas encore renoncer à ses prétentions sur l'Espagne.

L'empereur signa la paix avec la France deux ans plus tard, à Rastadt (9 octobre 1714), tout en con-

servant ses prétentions sur l'Espagne; mais ces prétentions elles-mêmes étaient subordonnées à l'ac-
ceptation de la pragmatique sanction, pensée qui
dominait toutes ses entreprises.

Enfin, à la paix de Vienne (30 avril 1725), l'Autriche et l'Espagne signèrent un traité de paix par
lequel Charles VI reconnut l'ordre de succession
établi en Espagne en faveur de la maison de Bourbon, et, de son côté, l'Espagne se chargea de la
garantie de la pragmatique sanction, qui était pour
Charles VI l'objet principal.

L'empereur fit avec le Portugal un traité semblable
à celui de l'Espagne; il adhéra également à l'alliance
définitive formée entre la Suède et la Russie (6 août
1726), et cette dernière puissance, dans un traité
particulier, se chargea de la garantie de la pragmatique sanction.

Ce ne fut qu'au mois de janvier 1732 que Charles VI
parvint à faire accepter par la diète germanique,
et passer comme loi de l'empire sa fameuse pragmatique sanction; et encore ce ne fut pas à l'unanimité, car la Bavière et la Saxe y restèrent oppo-
santes.

Voici, en résumé, quelles furent les conséquences
générales de la guerre de succession d'Espagne, telles
que les traités d'Utrecht, de Rastadt et de Vienne, les
fixèrent :

1° La maison de Bourbon eut l'Espagne et les
colonies; 2° la maison d'Autriche eut les Pays-Bas,
le Milanais, Naples et la Sardaigne; 3° la maison de

Savoie eut la succession éventuelle de l'Espagne et la possession immédiate de la Sicile, qu'elle échangea quelque temps après pour la Sardaigne, et ses ducs prirent dès lors le titre de roi de Sardaigne; 4° l'Angleterre obtint Gibraltar, qu'elle a toujours conservé depuis, Minorque, Terre-Neuve, et de grands avantages de commerce; 5° la Hollande obtint une barrière de places fortes pour la garantir contre la France; 6° l'électeur de Brandebourg fut reconnu pour roi de Prusse; 7° on assura à l'infant don Carlos, second fils de Philippe V et d'Élisabeth Farnèse, et à ses descendants la possession de la Toscane, de Parme et de Plaisance comme fiefs mâles, après l'extinction de la branche de Médicis et de Farnèse.

Tous ces arrangements, tous ces traités semblaient devoir garantir une longue paix entre les puissances européennes, et cependant ils renfermaient dans leur sein de nouvelles sources de guerre, ainsi que le pensait le prince Eugène, qui disait que cent mille hommes auraient mieux garanti la pragmatique sanction de Charles VI que cent traités. Cependant ce prince continuait toujours ses négociations sur ce sujet; au mois de mai 1732, il obtint le consentement du Danemark à la pragmatique sanction, par un traité auquel la Russie participa en renouvelant les alliances précédentes.

Ainsi, en 1732, l'empereur avait obtenu l'assentiment de toute l'Europe à son projet favori, à l'exception toutefois de la France et des deux électeurs

de Saxe et de Bavière, dont nous avons parlé. Ce fut
là, comme nous allons le voir bientôt, la cause d'une
première guerre, quoiqu'elle parût avoir un tout
autre objet.

Au milieu des embarras que lui suscitèrent tant
d'affaires si compliquées, Charles VI ne perdait pas
de vue l'éducation de ses deux filles, et cette éducation était en rapport avec les hautes destinées qui
leur étaient réservées. Il était parfaitement secondé
dans cette tâche par la vertueuse impératrice Élisabeth de Hongrie, son épouse. Sous cette haute direction, Marie-Thérèse fit concevoir dès l'âge le plus
tendre les plus grandes espérances. Prudente, affable,
son enfance même annonçait en elle des qualités
supérieures à son sexe, celles qui immortalisent les
bons rois et qui caractérisent les grands hommes. Un
esprit juste et pénétrant, un cœur sensible et géné-
reux, une âme forte et courageuse, des manières
nobles et engageantes, les grâces de la beauté, l'ascendant d'un caractère fait pour dominer : tels furent
les dons heureux qui signalèrent sa jeunesse et qui
présagèrent ce qu'elle serait un jour. Ajoutons à ces
qualités des talents et des connaissances remarquables : elle parlait avec une égale facilité toutes
les langues usitées dans les divers États dépendant
de la monarchie autrichienne, c'est-à-dire l'allemand,
l'italien, le hongrois et le slave, auxquels il faut
ajouter le latin et le français.

Plein de sollicitude pour l'avenir de ses deux
filles, l'empereur avait songé de bonne heure à leur

mariage; il avait jeté les yeux sur les deux fils du duc Léopold-Joseph de Lorraine pour en faire ses gendres. Un des motifs qui paraissent avoir guidé Charles VI dans ce choix, c'est que la maison de Lorraine avait une origine commune avec la maison de Habsbourg, l'une et l'autre, suivant les généalogistes, sortant d'Éthicon, duc de Souabe et d'Alsace, lequel vivait en l'an 700. Charles VI, se trouvant le dernier rejeton mâle de la branche de Habsbourg, tenait à réunir et à confondre cette branche avec celle de Lorraine, dont elle était séparée depuis plus de mille ans.

Quoi qu'il en soit de ces motifs, Charles VI fit élever à Vienne les deux jeunes princes de Lorraine, et il surveilla lui-même leur éducation comme s'ils eussent été ses propres fils. Le duc Léopold-Joseph étant mort en 1729, son fils aîné, François-Étienne, vint recevoir le serment de fidélité de ses nouveaux sujets, abandonna à sa mère, la duchesse-douairière de Lorraine, l'administration du pays, et retourna à Vienne continuer ses études.

Il semblait que la vie de Charles VI, malgré ses goûts pacifiques, fût destinée à la guerre, et ses domaines à éprouver de grandes variations. En 1733, Auguste, électeur de Saxe, roi de Pologne, vint à mourir. Les Polonais, à l'instigation de la France, lui nommèrent pour successeur Stanislas Leczinski, lequel, ayant déjà disputé la couronne au dernier roi, grâce au secours du roi de Suède Charles XII, son protecteur, se trouvait alors tout à la fois, par

une suite de sa destinée bizarre, proscrit, exilé et beau-père du roi de France Louis XV. La Russie et l'Autriche, qui redoutaient l'influence de la France en Pologne, s'opposèrent à cette réélection. L'électeur de Saxe, fils du feu roi, se mit sur les rangs, et, pour gagner l'empereur à sa cause, il promit de reconnaître la pragmatique sanction. Cette promesse gagna Charles VI, et les traités furent aussitôt conclus (juillet 1733). Grâce à l'influence de la Russie et de l'Autriche, l'électeur de Saxe fut élu roi de Pologne, et Stanislas fut obligé de se réfugier à Dantzick.

Louis XV, pour venger son beau-père, déclara la guerre à l'empereur, et fut secondé d'un côté par l'Espagne, qui ne pouvait se consoler du démembrement de ses États ; et de l'autre par le duc de Savoie, devenu roi de Sardaigne. Ces trois puissances dirigèrent leurs efforts en Italie. Peu de guerres ont été aussi courtes et aussi décisives : en deux campagnes, l'empereur n'avait déjà plus de domaines en Italie. Naples, la Sicile et le Milanais étaient au pouvoir du vainqueur, et l'on se préparait à marcher sur ses possessions allemandes. Charles VI se trouvait dans un grand embarras, lorsque la France lui proposa un arrangement bien plus avantageux qu'il ne pouvait l'espérer.

Stanislas renonçait à la couronne de Pologne ; mais on lui rendait tous ses biens, et l'on y ajoutait la souveraineté des duchés de Lorraine et de Bar, qui devaient, après sa mort, être réunis à la couronne de

France; on transportait le duc de Lorraine en Italie, et il recevait en échange le grand duché de Toscane, qui était, ainsi que Parme et Plaisance, l'apanage de don Carlos, fils du roi d'Espagne Philippe V et de l'héritière des Farnèse et des Médicis; quant à celui-ci, il resterait à Naples, qu'il venait de conquérir, et serait reconnu par les parties contractantes roi de Naples et de Sicile. La Toscane, comme nous venons de le dire, devenait le lot du duc de Lorraine; quant à Parme et à Plaisance, ils devaient rester à l'empereur en dédommagement de la perte de son royaume de Naples et de Sicile.

Charles VI, auquel on rendait d'ailleurs le Milanais, et qui acquérait des provinces riches et limitrophes pour des pays lointains et ruinés, accepta ces propositions avec joie. Les Espagnols, qui y perdaient plutôt qu'ils y gagnaient, se plaignirent; le roi de Sardaigne, qui n'obtenait pas tout ce qu'il voulait, en fut mécontent. Mais l'accord du roi de France et de l'empereur fut une loi qu'il fallut subir; l'arrangement se fit sur les bases que nous venons d'indiquer, et la constitution de l'Italie se trouva changée.

Pendant que l'on était occupé de ces négociations, qui durèrent plus de six mois, le mariage du duc François de Lorraine avec l'archiduchesse Marie-Thérèse fut célébré le 12 janvier 1736. A cette occasion, la diète de l'empire, qui était assemblée pour la ratification des traités, remercia ce prince du sacrifice qu'il venait de faire à la paix en cédant ses duchés de Lorraine et de Bar, et on lui donna siège

et vote aux assemblées de la nation, comme s'il jouissait encore des possessions de l'empire.

Charles VI, échappé sans grande perte à la guerre de 1733, ne fut pas aussi heureux du côté des Turcs. Ces derniers étaient alors en guerre avec la Russie. Charles, à qui la paix avec la France laissait des armées disponibles, crut trouver l'occasion favorable de se dédommager sur eux des frais de son armement; mais il se trompa : les maladies affaiblirent son armée, les musulmans achevèrent de la détruire, et il eut la douleur de voir lui échapper presque toutes les brillantes conquêtes qu'avait faites pour lui le prince Eugène, à l'exception du banat de Temeswar.

Cette guerre malheureuse avec la Turquie dura trois ans. Pendant ce temps, les conventions dont nous avons déjà parlé furent conclues, et l'on résolut de mettre à exécution les préliminaires du traité qui avait été stipulé à Vienne. Les cessions de territoires entre l'empereur et le roi de Sardaigne eurent lieu d'abord; il s'agissait de quelques districts du Milanais cédés à ce dernier. Les troupes espagnoles quittèrent la Toscane; la France évacua Philippsbourg, Kehl et Trèves; Louis XV fut mis en possession des duchés de Lorraine et de Bar (février 1737), et les livra à son beau-père, qui fit une entrée solennelle à Lunéville le 7 avril suivant. Peu de mois après, mourut le dernier rejeton de la famille de Médicis, Jean-Gaston, à la suite d'une longue maladie (9 juillet 1737). Le duc François prit aussitôt possession de la Toscane. A cette occasion, l'Es-

pagne voulut élever de nouvelles prétentions, qui
pouvaient rallumer la guerre; mais la France ne permit pas que la querelle eût d'autres suites. L'affaire
fut arrangée à l'amiable, et un traité particulier (18 novembre 1738) eut lieu entre la France et l'Autriche
à ce sujet. Ce traité n'était que le renouvellement
ou la confirmation des préliminaires; mais, en outre,
le roi de France y promettait de la manière la plus
positive, pour lui et ses successeurs, de défendre la
pragmatique sanction à la demande de l'Autriche.

Au mois de janvier 1739, le grand duc François
fit son entrée solennelle en Toscane avec son épouse,
la grande-duchesse Marie-Thérèse. Il retourna ensuite à Vienne, où l'empereur le nomma lieutenant
général pendant la guerre contre les Turcs, à laquelle
il avait d'abord assisté comme volontaire, et plus tard
généralissime de toute son armée : il était déjà feld-
maréchal de l'empire.

Au commencement de l'année 1740, Charles VI
conclut à Belgrade la paix avec les Turcs. Ce fut le
dernier acte public de l'empereur, qui, sentant sa fin
approcher, se trouvait heureux de laisser ses États
en paix, avec la sûreté de la succession, sous la garantie de la pragmatique sanction, qui lui avait coûté
tant de sacrifices. Peu de temps après la paix de
Belgrade, l'empereur communiqua à la diète germanique toutes les négociations qui avaient suivi la
guerre dite de la succession de Pologne; mais tandis
que ce corps politique s'occupait, avec ses lenteurs
ordinaires, de l'examen des pièces, et avant d'avoir

ratifié le traité définitif, l'empereur mourut (20 octobre 1740). C'était le quarante-quatrième empereur d'Allemagne, le seizième et le dernier de sa race, dont treize, depuis Albert II, avaient, dans un espace de trois cent huit ans, administré l'empire.

Cinq mois auparavant était mort le roi de Prusse Frédéric-Guillaume, laissant le trône à son fils Frédéric II, alors âgé de vingt-huit ans. Cet événement fit moins de sensation en Europe que la mort de l'empereur Charles VI, la Prusse n'étant qu'un État très secondaire, et son nouveau souverain n'étant encore connu que par son opposition à son père, son amour pour les lettres, les sciences, les arts et les plaisirs, et rien ne faisant encore pressentir l'homme d'action, le guerrier et le politique, dont l'influence devait se faire bientôt sentir sur l'Europe entière et sur les destinées de Marie-Thérèse en particulier.

CHAPITRE II

La pragmatique sanction, ce testament politique
de Charles VI, à l'exécution duquel il avait travaillé
pendant près de trente ans, qui avait été accepté par
ses sujets durant sa vie et ratifié par toutes les puissances de l'Europe, à l'exception de la Bavière,
semblait devoir être un acte destiné à prévenir toute
espèce de querelle, en garantissant à Marie-Thérèse
la jouissance paisible et entière de ses droits. Cepen-

2

dant nous allons voir que cet acte ne tarda pas à
être considéré comme une lettre morte, et que la
succession de Charles VI souleva bientôt une des plus
grandes guerres qui aient jamais embrasé l'Europe.

Aussitôt après la mort de son père, Marie-Thérèse, âgée de vingt-trois ans, se mit en possession
des États qu'il lui avait laissés. Les royaumes de
Hongrie et de Bohême, la Silésie, la Souabe autrichienne ou Autriche antérieure, la haute et la basse
Autriche, la Styrie, la Carinthie, la Carniole, les
quatre villes forestières, le Burgau, le Brisgau, les
Pays-Bas, le Frioul, le Tyrol, le Milanais, les duchés
de Parme et de Plaisance, formaient cette grande
succession. Elle fit briller dans cette cérémonie tout
l'appareil de la majesté souveraine; placée sous un
dais magnifique, le bonnet archiducal sur la tête,
elle reçut les hommages des députés de la haute et
de la basse Autriche. Le premier acte de son autorité fut un témoignage d'affection qu'elle donna à son
époux, François-Étienne de Lorraine, en témoignant
aux États qu'elle avait résolu de l'associer au gouvernement. Peu de temps après elle en fit enregistrer
l'acte solennel dans tous les tribunaux de l'archiduché, avec la promesse authentique du grand-duc
de n'en point prendre occasion d'exiger la préséance
sur son épouse, de se conformer aux clauses conte-
nues dans la pragmatique sanction, et de n'entreprendre jamais rien sur les droits des héritiers de la
maison d'Autriche. Cette précaution était nécessaire
pour ne point donner elle-même atteinte à cette sanc-

tion, et elle préparait en même temps au grand-duc le chemin du trône impérial.

Les États de Bohême et d'Italie, où l'affabilité et la bienfaisance de Marie-Thérèse étaient connus, firent éclater leur zèle en faveur de leur nouvelle souveraine. Les Hongrois eux-mêmes, ce peuple belliqueux et fier, qui depuis tant d'années avait été presque toujours en état de révolte contre ses maîtres, les Hongrois se montrèrent disposés à se soumettre à l'autorité de leur belle et jeune reine, si toutefois elle voulait rendre à la nation l'usage de ses anciens privilèges : ce fut la condition expresse que les députés hongrois envoyés auprès de la princesse avaient ordre de mettre à leur prestation de serment. Marie-Thérèse n'hésita pas ; car un refus pouvait devenir le signal de la révolte et lui faire perdre une des plus belles portions de son héritage. Les cendres des Tékéli et des Ragotzki fumaient encore, et il pouvait sortir des chefs d'une nouvelle insurrection. Elle fit donc aux députés hongrois l'accueil le plus affable, les assura de ses bonnes grâces et prêta sur-le-champ l'ancien serment, fait en 1212, que les rois de Hongrie de la maison d'Autriche, prédécesseurs immédiats de Marie-Thérèse, avaient toujours rejeté avec orgueil et dureté [1]. Nous reviendrons avec quel-

---

[1] La formule de ce serment se trouve dans la Bulle d'or (*Magna charta; Bulla aurea*), publiée par le roi André II en 1222.

Les Hongrois se plaignent que ce serment de Marie-Thérèse n'a pas été tenu par ses successeurs, et c'est à cette cause qu'il faut attribuer leur révolte en 1848, et l'agitation qui règne encore en ce moment dans ce pays (janvier 1860).

ques détails sur ce serment et sur les modifications
qu'y apporta Marie-Thérèse à l'occasion de son couronnement comme reine de Hongrie.

Marie-Thérèse voulut commencer son règne par
des actes de clémence : elle rendit à la liberté les
maréchaux de Wallis et de Seckendorff et le comte
de Niepperg, détenus en prison par ordre de l'empereur Charles VI ; en même temps elle fit, parmi
les officiers de ses troupes et de sa maison, une promotion dans laquelle le prince Charles de Lorraine,
son beau-frère, fut nommé feld-maréchal. Parmi
les conseillers intimes qui furent créés alors, on
remarque le comte de Kœnigseck, qui depuis com-
manda les Autrichiens à Fontenoy; parmi les cham-
bellans, le comte de Staremberg, qui vainquit à
Saragosse; parmi les colonels d'infanterie, le célèbre
comte, ensuite maréchal Daun, qui devait s'illustrer
par tant de triomphes et se montrer le rival de Frédéric II. Ces choix sont une preuve de la pénétra-
tion de son esprit et de son habileté dans l'art de
juger les hommes et de les mettre à leur place. Nous
verrons dans la suite de cette histoire combien ces
hommes remarquables contribuèrent à la gloire du
règne de la princesse qui avait su les distinguer et
les employer à son service.

Tous les souverains étrangers, moins les princes
de la maison de Bavière, ayant sanctionné la loi de
succession promulguée par l'empereur défunt, loi
acceptée par tous les organes officiels des États autrichiens, il n'y avait pas lieu pour les cabinets, ainsi

que nous l'avons fait observer, de contester en droit
la transmission de l'héritage. Une seule question de
droit semblait devoir être pendante, celle de l'élection de l'empire. Si cette question eût été résolue en
faveur de la nouvelle maison d'Autriche, elle eût
contribué puissamment à la stabilité de l'ordre de
choses qu'avait voulu établir Charles VI. C'était dans
cette intention que plusieurs années avant sa mort ce
prince avait préparé les esprits à l'élection de son
gendre François comme roi des Romains : titre qui,
comme on le sait, désignait le successeur à l'empire.
Mais Charles VI ne vécut pas assez longtemps pour
faire réussir cette élection, et à sa mort l'empire fut
gouverné par une régence ou vicariat, jusqu'à l'élection d'un nouvel empereur, fixée au 1ᵉʳ mai 1741.

Tandis que Marie-Thérèse employait tous ses
efforts pour faire réussir l'élection de son mari, un
redoutable concurrent s'élevait, appuyé secrètement
par plusieurs princes électeurs : c'était le duc Charles-
Albert de Bavière, qui en même temps protestait
contre la prise de possession par Marie-Thérèse des
États héréditaires de la maison d'Autriche. On se
rappelle que ce prince n'avait jamais voulu reconnaître la pragmatique sanction, soutenant que cet
héritage lui appartenait en vertu d'un ancien pacte
de famille qui remontait jusqu'à l'empereur Ferdinand Iᵉʳ, frère de Charles-Quint. Bientôt le duc de
Saxe, roi de Pologne, protesta à son tour, par les
mêmes motifs, quoiqu'il eût reconnu la pragmatique
sanction, et que l'empereur Charles VI eût favorisé

son élection à la royauté. Le roi d'Espagne ne tarda pas non plus à protester, déclarant qu'il s'opposait à tous les actes contraires aux droits qui lui étaient dévolus. Marie-Thérèse répondit à ces protestations en déclarant qu'elle s'était mise en possession de l'héritage paternel qu'elle tenait de la nature et de la plus solennelle des sanctions, garantis par tous les potentats de l'Europe, et par ceux mêmes qui voulaient l'enfreindre. Elle fit signifier à tous ses compétiteurs et à toutes les puissances de l'Europe qu'elle était résolue à faire respecter ses droits jusqu'au dernier soupir. Des manifestes inondèrent l'Europe, et commencèrent avec la plume la guerre qui devait bientôt se continuer par les armes.

La Bavière comptait surtout, pour soutenir ses prétentions, sur l'appui de la France, dont elle avait toujours été la fidèle alliée. Quant à ce qui concernait l'élection à l'empire, la France ne pouvait se dispenser d'acquitter la parole donnée par le grand roi, en 1714, à la maison de Bavière, et faire transférer l'empire au fils du fidèle et malheureux allié de Louis XIV. Cela était si évident, que personne à Versailles n'éleva aucun doute à cet égard. Mais là ne se bornaient pas les prétentions de l'électeur de Bavière ; il réclamait la totalité de l'héritage de la maison d'Autriche, et l'on était arrêté par les engagements pris récemment avec le dernier empereur, à qui l'on avait solennellement promis la garantie de la pragmatique sanction. Mais pouvait-on être sérieusement arrêté par la foi des traités, quand un

intérêt puissant conseillait de les rompre ? L'occasion se présentait, disaient quelques hommes politiques, de consommer l'œuvre de Henri IV et de Richelieu : il ne fallait pas la laisser échapper. La France, selon eux, devait se placer ouvertement à la tête de la coalition si facile à former contre une pauvre femme, héritière des Habsbourg, et démembrer enfin la monarchie autrichienne. Le vieux cardinal de Fleury (il avait quatre-vingt-huit ans), alors premier ministre, n'était pas homme à accepter une pareille idée ; mais ceux qui la mettaient en avant la lui déguisèrent, et parvinrent à lui extorquer la nomination du comte de Belle-Isle aux fonctions de plénipotentiaire auprès de la diète électorale qui allait se réunir à Francfort, et auprès de tous les princes d'Allemagne. Ce comte de Belle-Isle, petit-fils du fameux surintendant Fouquet, était à la tête du parti de la guerre contre l'Autriche ; aussi quand il se vit revêtu du titre de plénipotentiaire, bien que ses instructions ne regardassent que la promotion de l'électeur de Bavière à l'empire, comme il était impossible d'en rester là, Belle-Isle se jugea dès lors maître de la situation.

Tout s'était borné jusque-là à cette guerre de plume dont nous avons parlé, et les divers prétendants continuaient à intriguer à Versailles, d'où ils attendaient le signal. Ce signal fut donné, non par la cour de France, mais par un prince qui agit avant de parler. Le jeune roi de Prusse jeta un regard d'aigle sur les domaines autrichiens et sur ses propres États ;

il comprit qu'une heure décisive sonnait pour son
royaume et pour lui-même. La Silésie, la grande
vallée du haut Oder, possession si riche par elle-
même, si avantageusement située, pour la politique
et la guerre, entre la Bohême et la Pologne, était
une proie facile et parfaitement à sa convenance. Il
résolut de s'en saisir, sous prétexte que la maison
de Brandebourg avait sur une partie de cette province des droits que l'Autriche lui avait autrefois
arrachés.

Le 22 décembre, un corps d'armée se mit en marche
de Berlin pour envahir la Silésie. Le secret de cette
expédition hardie avait été si bien gardé, même à la
cour de Berlin, que le marquis de Beauvau, envoyé
par Louis XV pour complimenter Frédéric sur son
avènement au trône, voyant le grand rassemblement
de troupes qui se formait autour de la capitale, ne
put savoir sur quel point elles devaient se porter ; il
ne l'apprit qu'au départ de l'armée, lorsque le roi
lui dit : « Je vais, je crois, jouer votre jeu ; si les
as me viennent, nous partagerons. »

Cette idée du partage des États de l'Autriche avait,
comme on le voit, fait du chemin ; mais Frédéric se
garda bien de faire connaître sa véritable pensée
autrement que par cette confidence à l'ambassadeur
de France. Dès qu'il eut passé la frontière, ce prince
fit remettre aux ministres étrangers qui étaient à
Berlin un mémoire dans lequel il déclarait qu'il
n'était entré dans la Silésie que *pour empêcher les
prétendants à la succession autrichienne d'envahir*

Louis XV, d'après Parrocel.

cette province; en même temps il envoyait à Marie-Thérèse un message pour lui offrir de garantir la pragmatique sanction et d'aider son mari à monter au trône impérial, à condition qu'elle lui céderait les duchés de Glogau et de Sagau, portion de la basse Silésie. Frédéric offrait en outre une somme de six millions.

Marie-Thérèse joignait à l'obstination héréditaire de sa race une hardiesse de cœur et une activité que ses pères n'avaient pas montrées depuis plusieurs générations ; elle refusa dédaigneusement ce qu'on exigeait d'elle les armes à la main. Elle fit appel aux garants de la pragmatique : la Russie s'excusa de la secourir ; le gouvernement anglais, débarrassé de ses débats intérieurs contre une opposition ardente, et engagé malgré lui dans une guerre contre l'Espagne, offrit d'abord sa médiation avant de remplir ses engagements envers l'Autriche ; la Hollande craignait de se brouiller avec la France ; la France n'avait encore reconnu Marie-Thérèse par aucun acte officiel ; la *reine de Hongrie* écrivit des lettres émouvantes à Louis XV et au cardinal de Fleury ; on assure qu'elle offrit à la France une partie de la Belgique. Peut-être pouvait-on encore imposer un arrangement à Marie-Thérèse et à ses adversaires, en ajoutant aux concessions déjà indiquées une nouvelle concession pour la Prusse. Le cabinet français tergiversa, et pendant ce temps-là Frédéric triomphait sans combat, et s'emparait en peu de jours des trois quarts de la Silésie ; cette grande province était

dégarnie de troupes, l'attaque ayant été entièrement
imprévue, et les populations, aux deux tiers protes-
tantes, accueillant les Prussiens à bras ouverts.
Pendant trois mois l'Autriche fut hors d'état de rien
faire pour défendre ou recouvrer la Silésie.

Les faits semblaient donner raison au comte de
Belle-Isle. Il redoubla d'efforts, par sa correspondance et par les adhérents qu'il avait laissés à Versailles. Rien n'était si aisé, disait-il, que d'étouffer
en germe la nouvelle maison d'Autriche : on serait
comptable à la postérité de manquer une si belle
occasion ; il ne fallait ni beaucoup de troupes ni
beaucoup d'argent, il suffisait d'intervenir comme
auxiliaire de la Bavière : avec peu d'efforts on attein-
drait un résultat immense ; on réduirait Marie-Thérèse au royaume de Hongrie, à la basse Autriche
avec ses annexes, et à la Belgique, et l'on partage-
rait tout le reste entre les alliés de la France, assez
accrue de la ruine de l'Autriche.

Le cardinal de Fleury refusa d'abord : il donna
son avis écrit au roi contre la guerre ; la misère qui
régnait en France et la dépopulation causée par
cette misère étaient ses principaux arguments. Néanmoins, quand il vit le roi fortement influencé par
son entourage de favoris et de favorites, par les
lettres de sa fille, qui avait épousé le second fils du
roi d'Espagne, et à qui, dans le partage présumé de
la monarchie autrichienne, devait revenir le Milanais, le cardinal-ministre céda peu à peu, et laissa
le plénipotentiaire de France en Allemagne, le comte

de Belle-Isle, transformer sa mission pacifique en une mission de guerre et de spoliation.

Les événements qui se succédèrent vinrent encore en aide à Belle-Isle.

Quand le roi de Prusse avait envahi la Silésie, le comte de Brown, qui commandait dans cette province les troupes de Marie-Thérèse, avait vu les progrès du roi de Prusse sans pouvoir y mettre le moindre obstacle. A la première nouvelle de cette invasion si inattendue, la cour de Vienne envoya des troupes de renfort à Brown; mais la rigueur de la saison, la difficulté des routes, les pluies continuelles et le débordement des rivières retardèrent leur marche, et elles ne purent entrer en ligne qu'à la campagne suivante. Cependant le comte de Brown résolut de faire un effort et de couvrir au moins les frontières de la Bohême. Il jeta quelques troupes dans la petite ville de Neisse, sous les ordres du colonel Rohr, et se retira lui-même au bourg de Gratz, sur la rivière de Mora, déterminé à défendre la tête du pont établi sur cette rivière; mais, attaqué vigoureusement par le comte de Schwérin, il fut obligé d'abandonner cette position et de se retirer en Moravie. Pendant ce temps-là, le roi de Prusse assiégeait inutilement la petite ville de Neisse, et bientôt retournait à Berlin faire les préparatifs d'une nouvelle campagne.

Dès le mois de février 1741, ce prince quitta sa capitale pour se mettre à la tête de ses troupes. Il envoya le maréchal de Schwérin à la rencontre de

l'armée autrichienne qui devait déboucher entre
Jagendorff et Troppau, et vint lui-même assiéger
Glogau, qu'il prit d'assaut après quelques semaines
de blocus.

Au milieu de ces revers, Marie-Thérèse montrait
un courage et une énergie au-dessus de son âge et
de son sexe. Pleine de confiance en Dieu et dans
son droit, elle supportait l'infortune avec une pa-
tience vraiment héroïque. Elle était alors enceinte de
son quatrième enfant, et elle écrivait à la duchesse
douairière de Lorraine, sa belle-mère : « Je ne sais
« pas encore si, de tous mes États héréditaires, il
« me restera une seule ville où je pourrai accoucher
« de l'enfant que je porte. » Cette crainte ne se
réalisa pas. Le 13 mars 1741, elle accoucha heureusement à Vienne d'un fils, dont la naissance lui
causa la joie la plus vive, car jusque-là elle n'avait
eu que des filles. Dans cet enfant qui fut alors sa
consolation, et qui devait un jour occuper le trône
impérial sous le nom de Joseph II, elle voyait un
rejeton des empereurs ses aïeux, l'espoir d'une postérité nombreuse, le réparateur et l'appui d'une
maison autrefois si puissante, et dont maintenant
toute l'Europe se disposait à déchirer l'héritage.

Cependant l'armée autrichienne, forte d'environ
trente mille hommes, était rassemblée aux environs
d'Olmütz, attendant un général pour la conduire à
l'ennemi. Le comte de Niepperg, à qui Marie-Thérèse venait de rendre la liberté, fut choisi pour aller
combattre le roi de Prusse. Vers la fin de mars, ce

général, marchant sur deux colonnes à travers des
montagnes couvertes de neige, arriva à Herman-
stadt, sur la frontière de Silésie. Le roi de Prusse,
instruit de cette marche, rassembla toutes ses forces
et se prépara à passer la rivière de Neisse pour attaquer le comte de Niepperg; déjà il avait jeté un pont
sur la rivière; mais le général autrichien empêcha
le passage, prit Grotkau, et allait s'emparer d'Olhau,
ville où se trouvaient la grosse artillerie prussienne
et un magasin considérable. L'exécution de ce projet
eût affaibli le roi de Prusse pour le reste de la campagne, et l'eût empêché de rien entreprendre d'important. Frédéric le sentit, et ne vit d'autre moyen
d'empêcher cet échec que de livrer bataille.

Il fit aussitôt passer la rivière de Neisse à son
armée sur deux points situés, l'un au-dessous de
l'autre, au-dessus du pont par lequel il avait d'abord
tenté de franchir cette rivière. Ce mouvement s'exécuta avec tant de célérité et de secret, que le comte
de Niepperg n'en fut instruit que quand il vit l'armée
prussienne marcher par quatre colonnes sur le village
de Molwitz, où était le quartier général autrichien.
Niepperg s'avance aussitôt dans la plaine et range
son armée en bataille en face de l'armée prussienne.
A deux heures après midi une décharge générale
de l'artillerie prussienne donne le signal du combat.
Le baron de Romer, qui commandait la gauche des
Autrichiens, s'avance à la tête de sa cavalerie contre
la droite des Prussiens, où se trouvait le roi lui-
même, ayant sous ses ordres le prince Léopold

d'Anhalt. Le choc fut terrible ; Romer enfonce, ren-
verse et met en désordre la première ligne de la
cavalerie prussienne ; celle-ci se jette sur la seconde,
y met le désordre et l'épouvante, et tout est en fuite.
Le baron de Romer arrête sa troupe, tourne sur le
flanc de l'infanterie, essuie le feu des premiers bataillons, s'y fait jour et les écrase. Il court jusqu'au
camp prussien, s'empare de quelques pièces de
campagne, tombe sur le quartier du roi et pille son
bagage. Frédéric venait de voir tomber à ses côtés
un officier et un page ; son régiment des gardes avait
été mis en pièces, et presque tous les officiers avaient
été tués. Le maréchal de Schwérin voit le danger du
roi ; il fait prier Frédéric de ne pas s'exposer davantage, de céder à la fortune, et de permettre à son
général de se charger de la retraite. Le roi de Prusse,
le désespoir dans l'âme, suivit le conseil du maréchal ; il abandonna le champ de bataille et s'enfuit
accompagné d'un seul page.

Tandis que Frédéric, croyant tout perdu, fuyait et
cherchait loin de Molwitz un asile assuré, Schwérin
rétablissait la bataille de la manière la plus heureuse, et remportait une victoire signalée. Ce succès
inespéré fut uniquement dû à l'infanterie prussienne
et aux changements introduits dans cette arme par
le prince d'Anhalt. Ici, qu'on nous permette quelques détails nécessaires à l'intelligence de notre récit.

Jusqu'alors les bataillons formaient des masses
compactes qui ne pouvaient se mouvoir que difficilement, et plus difficilement encore se rallier une

fois qu'ils étaient entamés. Le prince d'Anhalt avait
compris que la force de l'infanterie devait être dans
l'étendue et la vivacité du feu; il dédoubla les rangs
épais du bataillon, le mit sur trois hommes de hauteur seulement, et fit charger les fusils avec des
baguettes de fer au lieu de baguettes de bois employées auparavant. Mais un changement plus important encore fut l'établissement ou plutôt le rétablissement du pas cadencé, qui était le secret de l'unité
et de la vélocité des légions romaines, et qu'on
n'avait pas encore rendu aux armées modernes. Les
bataillons prussiens, exercés d'après cette méthode
sous le dernier roi, manœuvraient, se déployaient
ou se formaient en carrés avec une vivacité et une
précision inconnues : ils semblaient, suivant l'expression de Frédéric, des batteries ambulantes dont
la vivacité de la charge triplait le feu.

Il ne s'était pas encore présenté, avant la bataille
de Molwitz, d'occasion favorable pour démontrer
l'excellence de cette tactique, inconnue aux autres
nations européennes, et qu'elles s'empressèrent bientôt d'adopter. Nous avons vu avec quelle irrésistible
impétuosité la cavalerie autrichienne avait mis en
déroute et taillé en pièces la cavalerie prussienne;
nous avons vu que quelques bataillons d'infanterie
même, surpris par cette charge foudroyante, avaient
aussi été écrasés. Cependant, au moment où les
généraux prussiens et le roi lui-même croyaient la
bataille perdue et ne songeaient qu'à sauver les
débris de l'armée, le maréchal de Schwérin rallia

les fantassins dont les lignes avaient été mises en
désordre. Le prince d'Anhalt, à la tête de ses bataillons promptement reformés à sa voix, ne craignit
pas d'attaquer la cavalerie de Romer, qui avait pénétré dans le camp prussien, et la fit reculer. Quatre fois
Romer revint à la charge ; mais chaque fois ses escadrons, ébranlés par une effroyable grêle de balles,
vinrent se briser contre les baïonnettes prussiennes.
Romer fut tué dans la dernière charge, et sa mort
entraîna la défaite entière de sa troupe. De son côté,
Schwérin, à la tête d'un corps d'infanterie, attaquait
l'infanterie autrichienne. Celle-ci n'était pas de force
à lutter contre la première, aussi fut-elle promptement
mise en déroute ; en vain le comte Niepperg, qui avait
été blessé, voulut-il tenir ferme ; il fut entraîné dans
la fuite. Malgré deux blessures qu'il avait reçues, le
comte de Schwérin, à la tête de ce qui lui restait de
cavalerie, poursuivit l'armée vaincue jusqu'à l'entrée
de la nuit, et lui enleva deux mille prisonniers, dix
pièces de canon et quatre étendards. Les Autrichiens
eurent en outre trois mille quatre cents hommes tués,
et six à sept mille blessés, parmi lesquels se trouvaient un grand nombre d'officiers généraux. La
perte des Prussiens fut comparativement minime.

C'était la première bataille rangée à laquelle assis-
tait Frédéric, et il n'y fit pas preuve d'une grande
bravoure. Il avait été battu ; mais ses généraux
avaient remporté pour lui une victoire complète, sur
laquelle il ne comptait guère (10 avril 1741).

CHAPITRE III

La bataille de Molwitz eut des suites extrêmement
graves. Le comte de Belle-Isle, qui venait de recevoir le bâton de maréchal de France pour l'autoriser
davantage en Allemagne, accourut au camp du vainqueur pour le presser de s'unir à la France. Frédéric hésita. Il eût préféré traiter avec Marie-Thérèse
par l'intermédiaire des Anglais, et se fût encore
contenté d'une partie de la basse Silésie. Il essaya
de négocier dans ce sens auprès de cette princesse;
mais Marie-Thérèse, moins abattue qu'irritée d'un
premier revers, refusa de nouveau. Elle savait que
l'opinion publique en Angleterre épousait sa cause
avec passion; le roi Georges II avait obtenu du par-

lement les moyens d'exécuter son pacte défensif avec l'Autriche, et le parlement avait voté en outre un subside de trois cent mille livres sterling à la reine de Hongrie. La Russie, tombant des mains du vieux maréchal de Munich dans celles de la duchesse de Brunswick-Beveren, mère du petit tzar Ivan, revenait aussi aux intérêts autrichiens. Ces circonstances, connues du roi de Prusse, le décidèrent à écouter les propositions du maréchal de Belle-Isle, et au retour d'un voyage que celui-ci avait fait en Bavière pour ménager un traité entre les deux seuls prétendants à la succession autrichienne qui se fussent encore déclarés, le roi d'Espagne et l'électeur de Bavière, Frédéric signa, le 5 juin, un pacte secret avec la France. Louis XV lui garantit la basse Silésie tout entière, qui est de beaucoup la plus grande et la meilleure moitié de cette province, moyennant renonciation à Berg et à Juliers, et promesse de son suffrage pour l'élection impériale de Charles de Bavière. La France promit d'envoyer deux corps d'armée en Allemagne, l'un pour seconder l'attaque projetée par les Bavarois contre l'Autriche, l'autre pour empêcher les Hanovriens et les Saxons de faire une diversion contre le Brandebourg; elle s'obligea également à faire déclarer la guerre par la Suède à la Russie, afin de retenir les forces russes dans le Nord.

Quoique Marie-Thérèse ignorât cette convention entre la Prusse et la France, elle ne se dissimulait pas les dangers qui la menaçaient par suite de la désastreuse bataille de Molwitz. Elle prévoyait que

d'un jour à l'autre ses alliés pourraient l'abandonner et se ranger du côté de ses ennemis; elle n'avait donc d'espoir que dans la fidélité et le dévouement de ses propres sujets, et chaque jour elle cherchait les moyens de s'assurer davantage leur affection.

Au mois de juin 1741, Marie-Thérèse, selon la promesse qu'elle avait faite aux députés hongrois, se rendit à Presbourg, accompagnée du grand-duc son époux, pour recevoir la couronne de saint Étienne, cérémonie indispensable aux yeux des Hongrois pour consacrer la puissance de leur souverain.

Marie-Thérèse fut accueillie avec le plus vif enthousiasme par la nation hongroise lors de son entrée solennelle à Presbourg (22 juin). Son premier acte fut de rendre aux Hongrois le droit d'élire un palatin, droit qu'aurait voulu supprimer Charles VI en refusant, depuis 1732, après la mort du dernier palatin, de lui faire élire un successeur, et en le remplaçant par un lieutenant général du royaume, dont il se réservait la nomination. La diète hongroise remercia chaleureusement la reine, et proclama aussitôt Jean Palfy à la dignité de palatin de Hongrie.

Quelques jours après (25 juin) la reine fut conduite dans l'église Saint-Martin. Là elle fut sacrée par l'archevêque de Strigonie, primat de Hongrie, et reçut la couronne des mains de ce prélat et de celles du palatin. Elle se rendit ensuite à pied à l'église des franciscains, où elle reçut l'épée royale; elle s'en servit pour créer chevaliers de l'ordre de Saint-Étienne quarante-quatre des principaux seigneurs de

Hongrie. De là elle fut conduite en grande pompe,
à travers les flots d'un peuple immense, à la place
publique, où un trône avait été préparé. Là elle jura,
dans les mains du primat de Hongrie, de maintenir
les immunités et les privilèges de la monarchie, de
ne point emporter la couronne hors du royaume, de
ne point conférer les charges et dignités à des étrangers; enfin elle s'obligea solennellement à observer
la charte d'André II, promulguée en 1222 sous le
nom de *Bulle d'or* ou de *Magna charta,* véritable
droit public des Hongrois, qui confirmait les privilèges de la noblesse et du clergé; elle exceptait toutefois dans ce serment l'article trente et unième, qui
*permettait aux Hongrois de prendre les armes contre
leur souverain pour la défense de leurs lois fonda-
mentales, sans pouvoir être traités de rebelles*[1].

---

[1] Voltaire, et après lui plusieurs historiens, entre autres Fromageot
dans ses *Annales du règne de Marie-Thérèse,* se sont trompés en disant
que cette princesse avait prêté le serment de la *Bulle d'or* en entier avec
l'article 31, ainsi conçu: « Si moi ou quelques-uns de mes successeurs,
en quelque temps que ce soit, veut enfreindre vos privilèges, qu'à vous
soit permis, en vertu de cette promesse, à vous et à vos descendants,
de vous défendre sans pouvoir être traités de rebelles. » — Il est constant
au contraire, ainsi que le prouve de Sacy dans son *Histoire de Hongrie,*
que cette clause fut exceptée formellement du serment prêté par Marie-
Thérèse lors de son couronnement.

Voici le texte latin de la formule de ce serment :

« *Nos Maria, Theresia, Dei gratia, Hungariæ, Bohemiæ, Dalmatiæ,
Croatiæ, Slavoniæ, etc., regina, archidux Austriæ, nupta dux Lotha-
ringiæ ac Barri, magna dux Etruriæ,* — Qua prælibati regni Hungariæ, et aliorum regnorum ac partium eidem annexarum regina, jura-
mus per Deum vivum, per ejus sanctissimam genitricem Virginem
Mariam, ac omnes sanctos, quod ecclesias Dei, dominos, prælatos,
barones, magnates, nobiles, civitates liberas et omnes regnicolas, in
suis immunitatibus et libertatibus, juribus, legibus, privilegiis, et in

Descendue de son trône, la reine monta à cheval, traversa à pas lents le faubourg de la ville, et lorsqu'elle fut arrivée au pied d'une colline nommée le Mont-Royal, qui domine le Danube, elle mit son cheval au galop jusqu'au sommet de cette élévation, et, suivant l'antique usage, elle tira l'épée de saint Étienne, et en frappa l'air quatre fois en figurant une croix et en se tournant successivement vers l'orient, l'occident, le nord et le midi. Cette cérémonie avait pour objet de démontrer aux Hongrois que leur nouveau souverain était prêt à les défendre

antiquis bonis et in approbatis constitutionibus, conservabimus, omnibusque justitiam faciemus; serenissimi quondam Andreæ regis decreto, *exclusa tamen et semota art.* xxxi *ejusdem decreti clausula incipiente:* Quod si vero nos, etc. (*) usque ad verba : in perpetuam facultatem, observabimus; fines regni nostri Hungariæ et quæ ad illud quocumque jure et titulo pertinent, non abalienabimus nec minuemus; sed quo poterimus augebimus et extendemus, omniaque illa faciemus quæcumque pro bono publico, honore et incremento omnium statuum ac totius regni nostri Hungariæ juste facere poterimus. Sic nos Deus adjuvet. »

Après avoir cité ces textes, l'auteur de l'*Histoire de Hongrie* ajoute : « Il paraît même, par les actes de la diète, que les états ne firent aucune tentative pour faire ratifier, par leur nouvelle souveraine, le décret d'André II dans toute son étendue. Les Hongrois avaient payé de trop de sang le droit de faire la guerre à leurs maîtres pour en être encore jaloux. Leurs malheurs les avaient éclairés sur leurs vrais intérêts. Ils savaient que si le despotisme produit quelquefois l'indépendance, l'indépendance le produit à son tour. Ils étaient bien éloignés de forcer Marie-Thérèse à confirmer le privilège illusoire qui autorise un factieux à déchirer la patrie sous prétexte de la défendre, et met sous la sauvegarde des lois celui qu'elles eussent dû punir. »

(*) Voici le texte de ce fameux article XXXI : *Quod si vero nos, vel aliqui subcessorum nostrorum, aliquo unquam tempore, huic dispositioni contrarie unquam voluerint, liberam habeant, harum auctoritate, sine ulla nota infidelitatis, tam episcopi quam alii Jobegiones aut nobiles regni universi, et singuli præsentes, et futuri posterique, resistendi et contradicendi nobis et nostris successoribus in perpetuam facultatem.*

contre leurs ennemis, de quelque côté qu'ils se présentassent.

Tandis que Marie-Thérèse recevait à Presbourg les hommages enthousiastes et sincères d'un peuple dévoué à sa personne, les nouvelles qui lui arrivèrent d'Autriche la forcèrent à regagner la capitale de ses États héréditaires. L'électeur de Bavière n'avait point attendu, pour entrer en campagne, les secours que la France lui envoyait. Déjà il s'était avancé vers Passau, dont il s'était emparé, ainsi que du château d'Ober-Haus. En même temps deux armées françaises, de quarante mille hommes chacune, franchissaient le Rhin. La première, commandée par le maréchal de Belle-Isle, entra par la Souabe, et alla se mettre sous les ordres de l'électeur de Bavière, au moment où il venait de se rendre maître de Passau. La seconde, commandée par le maréchal de Maillebois, s'avança jusqu'en Westphalie.

Aussitôt que les Français eurent opéré leur jonction avec ses troupes, Charles-Albert, poursuivant ses avantages, s'empara du château d'Esperberg et de la ville de Lintz, où il fut reconnu archiduc d'Autriche; puis l'armée franco-bavaroise, ayant passé l'Ips, s'avança jusqu'à Saint-Polten, à peu de distance de Vienne.

Tandis que la haute Autriche tombait presque en entier au pouvoir des alliés, la position de Marie-Thérèse devenait de plus en plus grave sur d'autres points. Le roi d'Angleterre, Georges II, était accouru, dans ses États d'Allemagne, se mettre à la

Lintz.

3

tête de ses Hanovriens et de douze mille Hessois et
Danois à la solde de l'Angleterre, pour aller au secours de la reine de Hongrie ; mais sa bonne volonté
en faveur de cette princesse fut paralysée par la
présence de l'armée française, que commandait le
maréchal de Maillebois, et qui menaçait de s'emparer
du Hanovre. Se sentant trop faible pour lutter contre
les Français, Georges II conclut avec Maillebois un
traité de neutralité pour le Hanovre, s'engageant,
en sa qualité d'électeur, à ne point contrarier les
opérations des alliés, et à ne point s'opposer à l'élévation de l'électeur de Bavière sur le trône impérial.
La Russie, sur les secours de laquelle Marie-Thérèse
avait compté, se trouvait engagée dans une guerre
que la Suède venait de lui déclarer à l'instigation du
cabinet de Versailles. L'électeur de Saxe, qui devait
au père de Marie-Thérèse le titre de roi de Pologne,
s'était rallié aux ennemis de l'Autriche : on lui avait
promis pour sa part de butin la Moravie, qu'on éri-
geait en royaume en l'agrandissant d'une portion de
la basse Autriche. Les électeurs de Cologne et Palatin étaient entrés dans la grande confédération
contre la reine de Hongrie. L'Espagne, qui se préparait à faire une attaque en Italie, s'était assurée
de la neutralité du pape, de la Toscane, du duc de
Modène et de Gênes ; et le roi de Sardaigne était
disposé à joindre ses forces à celles de la maison de
Bourbon. Dans la Silésie, le roi de Prusse, maître
de la capitale et de la plus grande partie de la province, était sur le point de couper la communication

de l'armée du feld-maréchal Niepper avec Neisse,
pour mettre le siège devant cette place, dont la possession devait assurer celle de tout le duché et
faciliter à ce prince les moyens d'agir de concert avec
les armées de France et de Bavière. Ainsi Marie-
Thérèse voyait le nombre de ses ennemis s'accroître
de jour en jour, en même temps que les alliés sur
lesquels elle avait droit de compter ne pouvaient faire
aucune diversion en sa faveur. Lintz, Eritz, toute la
haute Autriche, étaient tombés en peu de jours entre
les mains des Franco-Bavarois. Déjà les partis français apparaissaient à quelques kilomètres de Vienne,
qui n'avait qu'une garnison et des fortifications in-
suffisantes.

L'invasion française avait surtout frappé Marie-
Thérèse comme la foudre. Jusqu'au dernier moment
la fille de Charles VI avait refusé de croire le cabinet
de Versailles capable d'une violation si criante de la
foi jurée et d'une résolution si hardie ; elle avait été
entretenue dans cette illusion par un de ses conseillers, Barteinstein, qui jouissait de toute sa confiance et qui avait toujours hardiment assuré à cette
princesse que la France ne s'engagerait dans aucune
guerre tant que le cardinal de Fleury vivrait. Main-
nant plus d'illusion possible : la cause de Marie-
Thérèse semblait totalement désespérée. Point de
finances, presque point d'armée. Toutes les ressources
régulières lui manquaient, et le seul parti à prendre,
lui semblait-il, était de subir la loi que voudraient
lui imposer des ennemis implacables. Quant aux

ressources extraordinaires, aux grands élans qui
sauvent parfois les peuples dans leur nationalité,
comment les demander à ce ramas de populations
diverses accouplées dans cet assemblage artificiel
qu'on nomme la monarchie autrichienne ? Déjà la
Silésie s'est donnée ; la Bohême se laissera prendre ;
l'Autriche même semble passive. Cependant, loin de
plier sous le poids d'une situation qui paraît sans
remède, Marie-Thérèse grandit avec les dangers qui
la menacent, son courage s'élève jusqu'à l'héroïsme ;
d'un coup d'œil ferme elle apprécie la dernière chance
de salut qui lui reste. Par delà les provinces germa-
niques, germano-slaves et italiennes, déjà partagées
en espoir ou en fait par la diplomatie, s'étendent de
vastes contrées à demi barbares, dont la possession,
toujours contestée, soit par la rivalité ottomane, soit
par la rude liberté des indigènes, a été plus souvent
un péril qu'une force pour les monarques autrichiens :
c'est le royaume de Hongrie avec ses annexes. Depuis deux siècles ces races guerrières s'agitaient sur
place dans leur patrie, devenue le perpétuel champ
de bataille des Turcs et des Allemands. Marie-Thérèse a deviné avec un admirable instinct quel parti
on peut tirer de leur génie belliqueux, en leur ou-
vrant une large carrière de gloire et de butin et en
les lançant sur l'Allemagne. Mais ces peuples à demi
sauvages sont sous l'indépendance de l'aristocratie
maghyare, des magnats de Hongrie, qui supportent
avec tant d'impatience depuis deux siècles le joug
de la maison d'Autriche ; cependant l'héritière des

Habsbourg a reçu naguère leur serment, et l'hommage de ces hommes chevaleresques et si jaloux de leur indépendance lui paraît plus sûr que celui des autres États. C'est donc à eux qu'elle a résolu de s'adresser avec confiance au milieu des suprêmes dangers qui l'environnent.

Marie-Thérèse, confiant la défense de Vienne à son beau-frère le prince de Lorraine, partit avec son mari pour Presbourg, où la diète hongroise avait été convoquée. Elle se présente devant l'assemblée, vêtue de deuil, en costume hongrois, avec la couronne de saint Étienne sur la tête et l'épée vénérée du roi de Hongrie à la ceinture. Elle traversa la salle d'un pas majestueux et lent, et monta à la tribune du haut de laquelle le souverain a coutume de haranguer les états. Après quelques instants de silence, le chancelier retraça la triste situation des affaires et demanda de prompts secours. Marie-Thérèse prit ensuite la parole et adressa en latin, langue dont l'usage est commun en Hongrie, et dans laquelle on rédige tous les actes de la diète, le discours suivant : « La situa-« tion déplorable de nos affaires nous a portée à « rappeler à nos chers et fidèles états de Hongrie « l'invasion récente de l'Autriche et les dangers aux-« quels ce royaume est exposé, et à les inviter à « chercher un remède à de si grands malheurs. « L'existence même du royaume de Hongrie, celle « de notre personne, de nos enfants et de notre « couronne, sont menacées. Abandonnée de tous « nos alliés, nous plaçons notre confiance unique-

« ment dans la fidélité et en la valeur si longtemps
« éprouvée des Hongrois. Dans ce péril extrême,
« nous vous exhortons, vous les états et les ordres
« du royaume, à délibérer sans délai sur les moyens
« les plus propres à pourvoir à la sûreté de notre
« personne, de nos enfants et de notre couronne, et
« à y recourir sur-le-champ. Quant à nous, les fi-
« dèles états et ordres de Hongrie peuvent compter
« sur notre coopération en tout ce qui pourra con-
« tribuer au rétablissement de la félicité publique,
« et rendre à ce royaume son ancien éclat[1]. »

A ce spectacle d'une jeune femme belle, courageuse et infortunée, à ces paroles émouvantes, l'assemblée tout entière éprouve une sorte de commo-
tion électrique. Les magnats, les délégués, tirant
leur sabre du fourreau et le tenant la pointe en arrière, s'écrient : « Mourons pour notre roi Marie-
Thérèse[2] ! » Attendrie par ce témoignage de zèle et

---

[1] Voici le texte latin de cette harangue tel qu'il existe dans les archives
de Hongrie :

ADLOCUTIO REGINÆ HUNGARIÆ MARIÆ THERESIÆ, ANNO 1741.

« Afflictus rerum nostrarum status nos movit, ut fidelibus perchari
regni Hungariæ Statibus de hostili provinciæ nostra hereditariæ Austriæ
invasione, et imminente regno huic periculo, adeoque de considerando
remedio propositionem scripto faciamus. Agitur de regno Hungariæ,
de persona nostra, prolibus nostris et corona. Ab omnibus derelicti,
unice ad inclytorum Statuum fidelitatem, arma et Hungarorum priscam
virtutem confugimus, impense hortantes, velint Status et ordines, in
hoc maximo periculo, de securitate personæ nostræ, prolium, coronæ et
regni quanto ocius consulere, et ea in effectum etiam deducere. Quan-
tum ex parte nostra est, quæcumque pro pristina regni hujus felicitate,
et gentis decore forent, in iis omnibus benignitatem clementiam nostram
regiam fideles Status et ordines regni experturi sunt. »

[2] *Moriamur pro rege nostro Maria Theresia !* — Les Hongrois n'ad-

de fidélité, la reine, qui jusque-là avait conservé un maintien calme et majestueux, fondit en larmes. L'enthousiasme des membres de l'assemblée s'en accrut; ils l'exprimèrent par de nouvelles acclamations, et les ordres divers s'étant retirés dans leurs salles respectives, ils votèrent la levée en masse de la Hongrie, et des subsides en argent (13 septembre).

Une scène non moins touchante se passa lorsque les délégués se rassemblèrent au pied du trône pour recevoir le serment du grand duc de Toscane, qui du consentement de la diète avait été nommé corégent. Après la cérémonie, François s'écria : « Je consacre mon sang et ma vie à la reine et au royaume de Hongrie! » Au même instant Marie-Thérèse prend entre ses bras le jeune archiduc Joseph, son fils, âgé de six mois, et le présente à l'assemblée. Tous les membres, transportés du même enthousiasme que la première fois, s'écrient de nouveau : « Mourons pour notre roi Marie-Thérèse et pour sa famille [1] ! »

mettaient pas autrefois de femmes pour régner sur eux, et quand par droit de succession une femme était appelée au trône de Hongrie, on ne la couronnait point du diadème de saint Étienne; Marie d'Anjou fut la première qui reçut cette couronne, et avec elle la lettre de roi et les prérogatives qui y étaient attachées.

[1] Tous les historiens qui ont parlé de l'appel de Marie-Thérèse aux Hongrois n'ont fait mention que de la scène qui se passa le 13 septembre, et ils ont représenté cette princesse tenant son fils entre ses bras, dans le temps où elle adressait son discours à la diète; mais il est certain que le jeune archiduc ne fut amené à Presbourg que le 20, et qu'il ne fut présenté à l'assemblée que le lendemain, lorsqu'elle se réunit pour recevoir le serment du mari de la reine corégent. C'est ce qui résulte de la correspondance de l'ambassadeur d'Angleterre, Robinson, qui avait accompagné Marie-Thérèse à Presbourg, avec lord Harrington, ministre des affaires étrangères : correspondance citée par William Coxe dans son *Histoire de la maison d'Autriche*.

A l'appel enthousiaste de la diète répondirent,
dans les populations, des élans d'une autre nature :
la vieille passion des conquêtes et des courses aven-
tureuses se réveilla chez ces tribus si faiblement at-
teintes par la civilisation. La Hongrie et la Slavonie
autrichienne se levèrent, et des bords de la Save,
de la Theyss, de la Drave et du Danube inférieur,
les fils des compagnons d'Arpad et des farouches
Illyriens commencèrent à lancer vers le haut Danube
des nuées de cavaliers et de fantassins qui, sous les
noms de Croates, de Pandours, de Waradiviens et
de Tolpachs, offrirent un spectacle nouveau à l'Europe étonnée ; la singularité de leurs vêtements, leurs
armes, leur manière de combattre à la turque et à la
tartare, et leur férocité répandirent la terreur parmi
les troupes disciplinées de la France et de l'Allemagne. Quarante mille hommes de ces troupes irré-
gulières, fournies par l'*insurrection* hongroise (le
mot *insurrection* est pris ici, par les écrivains con-
temporains, dans le sens de *levée en masse*), et
quinze mille soldats réguliers, se mirent en mouvement et formèrent le premier contingent fourni par
la Hongrie pour cette guerre.

L'enthousiasme des Hongrois semblait avoir excité
l'émulation des autres États de la monarchie : des
troupes se rassemblèrent de toutes parts, les levées
et les réquisitions s'opéraient avec vigueur et célérité, et toutes les ressources de la monarchie étaient
employées pour tenter un dernier et vigoureux effort.
Avant tout, on songea à placer la capitale à l'abri

3*

des insultes de l'ennemi. Le maréchal Khevenhuller
mit la ville de Vienne en bon état de défense, et les
bourgeois et les étudiants de cette capitale rivalisèrent
avec la troupe de bravoure et de résolution.

CHAPITRE IV

L'*insurrection* de la Hongrie et tous les efforts de Marie-Thérèse eussent été peut-être impuissants à sauver Vienne et la monarchie autrichienne, si l'invasion eût été bien conduite, et que les Franco-

Bavarois eussent marché droit à Vienne ; mais l'électeur de Bavière n'avait ni les talents ni le caractère
du grand rôle que les circonstances l'avaient conduit
à usurper ; il n'osa se porter tout de suite sur la capitale faute d'artillerie de siège ; puis il craignait
que les Saxons, ses nouveaux alliés, ne cherchassent
à s'emparer de la Bohême pour leur compte, s'il
allait à Vienne au lieu d'aller à Prague ; enfin le
cardinal de Fleury, craignant déjà que le futur empereur ne fût trop puissant s'il avait la capitale de
la monarchie autrichienne, déconseilla le siège de
Vienne. L'esprit de jalousie et de défiance, si ordinaire dans les coalitions, se montrait déjà sous ses
formes les plus mesquines et offrait le plus choquant
contraste avec la grandeur de la situation. Après un
mois d'hésitations, l'armée franco-bavaroise passa le
Danube et se porta en Bohême : un corps détaché
resta seulement à la garde de la haute Autriche (fin
d'octobre).

Le roi de Prusse fut très mécontent de ce mouvement : il avait compté que les Franco-Bavarois, en
avançant sur Vienne, le débarrasseraient de l'armée
autrichienne battue à Molwitz, mais non détruite, qui
défendait encore contre lui la haute Silésie, et qui
n'eût pas manqué de marcher au secours de la
capitale. L'opération mal entendue de l'électeur de
Bavière donna dès lors à Frédéric des doutes sur
le succès de la coalition, succès que d'ailleurs il ne
désirait pas complet ; car il craignait, de son côté,
de voir la puissance française par trop prépondérante,

et il voulait bien diminuer l'Autriche, mais non la détruire [1].

Dans de pareilles dispositions d'esprit, Frédéric accueillit facilement les ouvertures d'arrangement que lui proposa Marie-Thérèse par l'intermédiaire d'un agent diplomatique anglais. La même main qui avait porté le premier coup à cette princesse devait l'aider à se relever. Après de longs pourparlers, une convention fut signée, le 9 octobre, entre le roi de Prusse et la reine de Hongrie, convention par laquelle la reine cédait au roi de Prusse la basse Silésie avec la ville de Neisse, et Frédéric, de son côté, s'engageait à cesser toute participation à la guerre, sans tenir aucun compte des promesses qu'il avait faites à la France et à la Bavière de ne traiter qu'avec leur aveu. Cette convention devait être tenue dans le plus profond secret ; de sorte que, même après qu'elle eut été signée, le roi feignit de poursuivre ses opérations, de s'emparer par force de toute la basse Silésie, que les Autrichiens lui cédèrent sans combat. Le corps d'armée autrichien qui occupait cette province se retira en Moravie, abandonnant la place forte de Neisse, qu'il protégait, et qui se rendit immédiatement. Frédéric, aussitôt après, mit ses troupes en quartier d'hiver, malgré la prière des alliés, qui, ne se doutant pas de son alliance avec Marie-Thérèse, le pressaient de seconder leur expédition de Bohême.

[1] Henri Martin, *Histoire de France*, règne de Louis XV, t. XVII, pages 453 et 454.

La situation des alliés devint assez critique par la défection du roi de Prusse, qui permettait à Marie-Thérèse de concentrer toutes ses forces contre les Français, les Bavarois et les Saxons; ajoutons que cette princesse se trouvait délivrée, temporairement du moins, d'un ennemi actif et entreprenant, tandis que le généralissime des armées alliées, l'électeur de Bavière, était d'une incapacité notoire. Il avait commis une première faute en ne marchant pas sur Vienne; il en commit une seconde en marchant sur Prague. L'armée alliée n'arriva devant cette ville qu'à la fin de novembre; la rigueur de la saison et le défaut de vivres faisaient beaucoup souffrir le soldat. Pour surcroît d'embarras, on apprit que le grand-duc de Toscane, l'époux de Marie-Thérèse, s'avançait au secours de Prague avec une armée de soixante mille hommes, composée des nouvelles levées de Hongrie, de l'armée de Silésie, que lui amena le feld-maréchal Neipper, de deux régiments de Vienne conduits par le comte de Khevenhuller, et enfin d'un corps d'observation réuni à Pilsen sous les ordres du prince de Lobkowitz.

L'armée alliée, harassée de fatigue, eût difficilement lutté contre des troupes fraîches et animées de l'enthousiasme que Marie-Thérèse venait d'exciter. Un seul échec eût rejeté les alliés dans la Saxe et le haut Palatinat; il fallait donc s'emparer de Prague à tout prix. Mais on ne pouvait songer à l'assiéger méthodiquement; d'un autre côté, comment espérer se rendre maître par un coup de main d'une ville

aussi considérable ? Ce fut cependant ce dernier parti auquel on s'arrêta, d'après l'avis d'un officier général qui jouissait déjà d'un grand renom militaire, quoiqu'il n'eût pas encore commandé en chef : c'était le comte Maurice de Saxe, fils du feu roi de Pologne Auguste II, aventurier rempli de fougueuses passions, d'ambitions violentes et de hautes aspirations guerrières.

Après s'être fait élire duc de Courlande par les états de cette souveraineté, en 1727, et avoir disputé son duché avec une héroïque fermeté à la Russie et à la Pologne, il était venu se mettre au service de la France, où il devait plus tard obtenir le titre de maréchal ; à cette époque il n'avait que le grade de lieutenant général, et commandait une division de l'armée du Danube. Il jouissait de toute la confiance de l'électeur de Bavière, qui eut au moins le bon sens de goûter son hardi projet. Maurice de Saxe se chargea de l'exécution. Il prit pour second dans cette entreprise un homme dont il avait su connaître et apprécier le mérite, le lieutenant colonel du régiment de Beauce, Chevert, officier né dans les rangs du peuple, aussi distingué par sa bravoure que par sa vertu.

La ville n'avait qu'une enceinte bastionnée et des fossés secs. Dans la nuit du 25 novembre, Maurice de Saxe dirigea, sur des points différents, plusieurs fausses attaques, tandis que Chevert conduisait en silence, d'un autre côté, les troupes destinées à tenter sérieusement l'escalade. Arrivé à l'endroit convenu,

Chevert appela un sergent de grenadiers, et lui dit :
« Écoute bien ; tu monteras par là (l'angle rentrant
« d'un bastion). En approchant du haut du rempart
« on criera : Qui vive? tu ne répondras rien. On
« criera une seconde fois ; tu ne répondras rien
« encore, non plus qu'au troisième cri. On tirera sur
« toi, on te manquera ; tu égorgeras la sentinelle, et
« j'arriverai aussitôt pour te secourir. »

Tout s'exécuta comme Chevert l'avait annoncé. Il
franchit le bastion à la suite du sergent et à la tête
de ses grenadiers, repoussa les ennemis accourus aux
cris et au coup de fusil de la sentinelle, s'empara
d'une porte voisine et l'ouvrit à la cavalerie française
de Maurice. Les Saxons pénétrèrent dans la ville par
un autre point, et la garnison, peu nombreuse, mit
bas les armes. Les généraux préservèrent la ville du
sac et du pillage ; à six heures du matin, tout y
paraissait aussi tranquille qu'à l'ordinaire. Le grand-
duc de Toscane n'était plus qu'à trois lieues de Prague
quand il apprit cette nouvelle ; il recula précipitam-
ment vers la haute Moldau et la Lausnitz. L'électeur
de Bavière fit son entrée à Prague le même jour, et
s'y fit couronner roi de Bohême le 7 décembre. Le
maréchal de Belle-Isle se rendit à Prague, afin d'établir parmi les troupes de la garnison la discipline
nécessaire pour concilier au nouveau roi l'affection
des vaincus.

Il ne manquait plus au désir du duc de Bavière
que la couronne impériale, tout était préparé pour la
lui faire donner. Le maréchal de Belle-Isle, à qui

le mauvais état de sa santé ne permettait pas de rester à la tête de l'armée, retourna à Francfort pour la réussite de son grand projet. Le vieux duc de Broglie, à qui il avait laissé le commandement de l'armée, termina la campagne par la prise de Pisseck. Le grand-duc essaya de reprendre cette place, et, n'y ayant point réussi, il prit la route de Vienne, et remit

Escalade des remparts de Prague.

le commandement de son armée au prince Charles son frère.

La couronne impériale, qui depuis tant d'années était l'apanage de la maison d'Autriche, et que Marie-Thérèse s'était flattée de faire placer sur la tête de son époux, allait passer sur celle d'un prince d'une autre famille ; les desseins du maréchal de Belle-Isle s'accomplissaient ; le 24 janvier, le duc de Bavière fut élu roi des Romains ; il fit son entrée à Francfort le 31, et fut couronné empereur sous le nom de

Charles VII, le 22 février 1742, par l'électeur de Cologne, son frère.

Mais tandis que ce prince se décorait d'un vain titre, la fortune l'abandonnait de toutes parts. Les Autrichiens reprenaient l'offensive avec une vigueur et un élan extraordinaires. Ils avaient savamment calculé le plan de leurs opérations futures ; et Khevenhuller, le plus entreprenant et le plus heureux des généraux autrichiens, l'exécuta habilement. L'armée principale, divisée en deux corps, l'un sous le commandement du duc Charles de Lorraine, l'autre sous celui du prince de Lobkowitz, demeura dans la Bohême pour y tenir l'ennemi en échec. Khevenhuller, à la tête d'une armée de trente mille hommes, s'avança rapidement dans la haute Autriche, et bloqua Lintz, où dix mille Français, commandés par le comte de Ségur, avaient été forcés de se renfermer par suite des attaques impétueuses des troupes légères qui étaient aux ordres de Mentzel, partisan célèbre. En même temps le feld-maréchal Bærinklaw occupa Scherding, et mit en déroute un corps de troupes bavaroises envoyées au secours de Lintz. Ce premier succès des Autrichiens fut le signal des désastres des alliés. Le comte de Ségur fut forcé de capituler et de rendre la place de Lintz ; il obtint la permission de se retirer avec armes et bagages, mais à condition que ses troupes ni lui ne pourraient porter les armes contre l'Autriche le reste de l'année. Ainsi l'armée alliée se trouvait diminuée par le fait de dix mille hommes, et la Bavière restait ouverte aux Autrichiens.

Khevenhuller, poursuivant ses avantages, se rendit maître de Passau, et pénétra en Bavière sur plusieurs points, tandis que les montagnards du Tyrol s'avançaient d'un autre côté jusqu'aux portes de Munich. Khevenhuller entra dans cette ville le jour même où l'électeur de Bavière était couronné empereur, présage du peu de durée qu'aurait la translation de l'empire dans d'autres mains que celles des souverains de la maison d'Autriche.

Dans le cours de ces événements, le roi de Prusse viola tout à coup le traité de paix qu'il avait fait quelques mois auparavant. Les succès des armées autrichiennes dans la Bavière lui avaient fait craindre que la reine de Hongrie ne voulût recouvrer la Silésie. Il avait conclu un traité avec l'électeur de Bavière comme roi de Bavière, et en avait acheté le comté de Glatz, pour une somme de quatre cent mille couronnes. Dans le dessein d'assurer et cette acquisition et ses conquêtes, il envoya le maréchal de Schwérin s'emparer d'Olmutz, et fit mettre le siège devant Glatz, qui se rendit après une résistance opiniâtre.

Frédéric II, en cette conjoncture, comme il l'avait fait auparavant, se montra l'ennemi le plus actif de la maison d'Autriche ; mais il fut mal secondé par ses alliés. Une division française que lui avait accordée Broglie d'assez mauvaise grâce fut bientôt rappelée dans l'intérieur de la Bohême, où les troupes françaises se fondaient sous le typhus. Frédéric ne put lancer aux portes de Vienne qu'un corps de partisans, et non point une armée. Il se dédom-

magea en ravageant la Moravie; mais; harcelé par les bandes hongroises, il abandonna ce pays et se replia sur la Bohême (avril 1742). La guerre se concentra dans la Bohême et la Bavière. Sur ces entrefaites, un nouveau corps de dix mille Français, secours bien insuffisant, avait passé le Rhin, et fait évacuer aux Autrichiens une grande partie de la Bavière, qu'ils avaient ravagée avec la dernière barbarie.

La situation générale se modifiait toutefois sensiblement en faveur de l'Autriche. La Turquie, loin de mettre à profit les périls de Marie-Thérèse, observait avec loyauté le traité de 1730. Une révolution en Russie venait de porter au trône la seconde fille de Pierre le Grand, la tzarine Élisabeth, qui se montrait on ne peut plus favorable à la cause de Marie-Thérèse. En Angleterre, les malheurs de cette princesse avaient fait une si vive impression sur la nation, et particulièrement sur les femmes, qu'elles résolurent d'ouvrir une souscription en sa faveur. La duchesse de Marlborough, veuve du général qui avait autrefois combattu pour Charles VI, assembla les principales dames de Londres; elles s'engagèrent à fournir cent mille livres sterling, et la duchesse en déposa quarante mille. La reine de Hongrie fut sensible à cette offre, mais elle ne crut pas devoir l'accepter au moment où le parlement anglais allait voter des subsides pour sa défense. En effet, le parlement ne tarda pas à voter cinq cent mille livres sterling de subsides à Marie-Thérèse, puis le gouvernement

anglais envoya seize mille hommes dans les Pays-Bas autrichiens ; enfin il y appela un pareil nombre de Hanovriens à la solde anglaise, comme pour menacer le nord de la France ; et le cabinet de Saint-James agit si vivement en Hollande, que les états généraux votèrent un subside à Marie-Thérèse et s'engagèrent ainsi sur la pente d'une guerre à laquelle ils n'avaient jusqu'ici voulu prendre aucune part ni directe ni indirecte.

Tandis que Marie-Thérèse recevait ces heureuses nouvelles, elle ne poursuivait qu'avec plus d'activité le premier but de sa politique, qui était de chercher à dissoudre la grande ligue formée contre elle. Elle avait espoir de faire, à peu près quand elle le voudrait, la paix avec le roi de Prusse. Depuis que ce prince avait recommencé contre elle les hostilités, il n'avait cessé de faire, par l'entremise de lord Hyndford, des propositions à la cour de Vienne ; mais comme le moindre avantage servait de prétexte à Frédéric pour élever ses prétentions, la reine de Hongrie avait rejeté avec indignation toutes ses demandes. Le roi de Prusse, pour en finir, résolut d'abattre ce qu'il appelait l'orgueil de la reine de Hongrie, et de la forcer par une nouvelle victoire d'accepter ses propositions. Tandis qu'une partie des forces autrichiennes tenait les Français en échec sur la Moldau, un autre corps d'armée marchait contre les Prussiens vers le haut Elbe. Frédéric alla à sa rencontre et lui livra bataille le 17 mai, près de Czaslau. Les Autrichiens éprouvèrent une défaite aussi san-

glante qu'à Molwitz. Frédéric avait atteint son but :
Marie-Thérèse se rendit aux instances de la diplomatie anglaise, qui avait d'autant plus droit de s'en
faire écouter qu'elle commençait à la secourir plus
puissamment. Les préliminaires de paix entre la
Prusse et l'Autriche furent signés à Breslau le 11 juin.
La reine de Hongrie céda toute la Silésie, haute et
basse, moins Troppau, Jœgendorf et Teschen. Frédéric s'excusa de son mieux auprès du gouvernement
français et protesta qu'en abandonnant *par nécessité* l'alliance de la France, il n'abandonnerait pas
ses intérêts. Il était, au moins, bien décidé à continuer son système de bascule entre la France et l'Autriche, et n'entendait pas se retirer définitivement de
la lice.

Pour le moment, sa défection, imitée par l'électeur
de Saxe et par le roi de Sardaigne, eut des conséquences aussi funestes aux Français qu'avantageuses
à Marie-Thérèse. Le maréchal de Broglie, malgré
les avis de Belle-Isle, qui était revenu à l'armée,
s'était obstiné à étendre ses quartiers sur quinze
lieues de terrain le long de la Moldau; quelques jours
avant la signature des préliminaires avec la Prusse,
les généraux autrichiens, connaissant l'état des négociations et ne redoutant plus rien de Frédéric, réunirent l'armée battue à Czaslau avec le corps qui avait
tenu tête aux Français, tombèrent sur les postes de
Broglie, forcèrent le passage de la Moldau et reje-
tèrent Broglie de Frauenburg sur Prague, après lui
avoir enlevé ses équipages; tous les traînards furent

massacrés par les bandes hongroises et slavonnes. Les forces autrichiennes, s'élevant à environ quarante mille soldats réguliers et vingt-cinq mille partisans, cernèrent bientôt, sous le canon de Prague, l'armée française réduite à moins de vingt-cinq mille hommes.

Le cardinal de Fleury, épouvanté, expédia en toute hâte au maréchal de Belle-Isle des instructions qui concluaient par ces mots : « La paix, Monsieur, la paix à quelque prix que ce soit ! » Belle-Isle demanda une conférence au feld-maréchal Kœnigseck, qui commandait sous le grand-duc et le prince Charles de Lorraine, et proposa une convention préalable pour l'évacuation de la Bohême. Kœnigseck en référa à sa souveraine, et en même temps il recevait du cardinal de Fleury une pitoyable lettre dans laquelle ce ministre se disculpait en rejetant tout le blâme de la guerre sur le maréchal de Belle-Isle. Pour unique réponse à cette lettre, qui dévoilait la faiblesse du ministre français, Marie-Thérèse la fit rendre publique, et il en fut de même d'une autre lettre par laquelle le cardinal se plaignait de cet abus de confiance.

Malgré cette insulte, on entama des conférences ; mais la reine de Hongrie refusa de traiter, à moins que l'armée française de Bohême ne se rendît prisonnière. A son tour elle manqua le moment décisif, et elle eut lieu plus tard de se repentir d'avoir cédé à son ressentiment contre les Français. L'infanterie autrichienne se ruina devant Prague et devant le camp français, défendus avec une terrible énergie

par les troupes de Broglie et de Belle-Isle : les san-
glantes et victorieuses sorties de Prague relevèrent
l'honneur de nos drapeaux compromis à Lintz, et
répondirent dignement à l'insolente sommation de
mettre bas les armes. Pendant ce temps-là, l'autre
armée française, qui avait hiverné en Westphalie, et
qui dès lors était restée dans l'inaction, l'armée de
Maillebois reçut l'ordre de marcher vers Prague.
L'entreprise offrait de grandes difficultés ; car il
fallait faire six cents milles de chemin, à travers un
pays rempli de défilés et occupé en partie par les
troupes de l'ennemi. Ce projet fut exécuté avec autant de célérité que de résolution, et le 14 septembre
Maillebois était arrivé à Amberg dans le haut Palatinat.

A l'approche de Maillebois, le prince Charles,
ayant laissé dans les environs de Prague un corps
de troupes légères, s'était avancé pour arrêter les
progrès de l'armée de secours. Le maréchal de Broglie saisit cette occasion de sortir de Prague pour
tâcher de rejoindre l'armée de Maillebois ; mais
le prince Charles, ayant été joint par Khevenhuller,
occupa les passages de Satz et de Caden, et ôta de
la sorte aux généraux français toute possibilité de se
réunir. Les troupes commandées par Maillebois,
réduites et épuisées par une longue marche, étaient
hors d'état de forcer ces défilés. Le maréchal renonça
dès lors à sa jonction avec Broglie et Belle-Isle, se
rejeta sur la Bavière, d'où il acheva de chasser presque entièrement les Autrichiens, et y établit son

armée pour l'hiver. Le maréchal de Broglie se vit
alors forcé de ramener ses troupes à Prague, d'où
il s'échappa sous un déguisement pour aller rejoindre
l'armée de Maillebois, dont il avait reçu le commandement à la place de ce dernier, qui était rappelé.

Prague demeura ainsi sans espoir de secours, et le
maréchal de Belle-Isle fut seul chargé de sa défense.

Retraite de l'armée française.

Resserré, avec un corps d'armée décroissant de jour
en jour, dans une grande ville dont la population lui
était contraire; harcelé par les bandes hongroises et
slavonnes, qui interceptaient toutes communications,
tout ravitaillement, il eût pu cependant se maintenir
dans Prague jusqu'au printemps; le corps ennemi
qui l'observait, plutôt qu'il ne l'assiégeait, n'était pas
supérieur au sien; mais le cabinet de Versailles lui
intima l'ordre d'évacuer Prague à tout prix. Il dut
obéir : il cacha son dessein avec adresse au général
autrichien, et, dans la nuit du 16 au 17 décembre,

4

il sortit de Prague avec onze mille hommes d'infanterie, trois mille chevaux, trente pièces de canon et des vivres pour douze jours, laissant dans la citadelle les blessés et les malades hors d'état d'être transportés, sous la garde d'un faible détachement commandé par le brave Chevert. Le froid était rigoureux, et Belle-Isle était. loin d'avoir pris, pour en défendre ses soldats, les précautions qu'exigeaient la prudence et l'humanité; tout était couvert de neige et de glace; les Autrichiens avaient coupé les défilés et rompu les ponts sur les deux grands chemins du pays montueux qui conduit à Egra, dernière ville de Bohême du côté du haut Palatinat, et qui était occupée par les Français dès le commencement de la campagne. Heureusement encore que le gros des forces autrichiennes était sur la rive droite de la Moldau, et ne put passer à cause des glaces que charriait la rivière. On n'eut affaire qu'à cinq à six mille hussards et slavons répandus sur la rive gauche; on les repoussa facilement dans la plaine; puis on les évita dans la montagne, en se jetant dans un mauvais chemin de traverse, entre les deux grandes routes d'Egra. La colonne atteignit cette ville, à trente-huit lieues de Prague, après dix jours d'inexprimables souffrances : la route était jonchée de soldats morts de froid et de misère; beaucoup d'autres moururent dans les hôpitaux d'Egra, où ils furent amputés de membres gelés; un plus grand nombre encore ne se rétablirent jamais des maux qu'ils avaient endurés.

Un trait héroïque jeta sur cette douloureuse retraite un reflet de gloire. Le prince de Lobkowitz, piqué de la retraite du maréchal de Belle-Isle, voulut au moins se dédommager en exigeant que les soldats restés à Prague se rendissent à discrétion. Ils étaient au nombre de six mille ; mais plus des trois quarts étaient malades ou blessés, et incapables de soutenir leurs armes. Quand le parlementaire autrichien se présenta pour faire cette proposition à Chevert, celui-ci lui répondit avec fermeté : « Allez dire au « prince que s'il ne m'accorde pas les honneurs de « la guerre, je mets le feu aux quatre coins de « Prague, et je m'ensevelis sous ses ruines. » La capitulation fut accordée, au grand déplaisir de la vindicative Marie-Thérèse, et Chevert rejoignit Belle-Isle avec son convoi d'invalides.

Ainsi, à la fin de la campagne, toute la Bohême, à l'exception d'Egra, fut reconquise, et Marie-Thérèse fut bientôt couronnée dans Prague comme souveraine d'un royaume « au recouvrement duquel », dit Frédéric II (*Œuvres posthumes*, t. II) « sa fer-« meté avait autant contribué que la force de ses « armes ».

Belle-Isle ramena en France, dans les premiers jours de 1743, huit à dix mille hommes épuisés, reste de plus de cinquante mille soldats qui, bien commandés, eussent suffi pour terrasser la monarchie autrichienne dans son premier désarroi. L'abandon de la Bohême présageait celui de la Bavière.

CHAPITRE V

Mort du cardinal de Fleury. — Louis XV veut gouverner par lui-même. — Composition de la nouvelle administration. — La cause de Marie-Thérèse triomphe de plus en plus dans l'Europe. — Opérations de la campagne de 1743. — Succès du prince Charles de Lorraine et de son lieutenant Khevenhuller. — Triste situation de l'empereur Charles VII. — Défaite des Français à Dettingen. — Reprise d'Egra par les Autrichiens. — Projets inspirés à l'Angleterre et à l'Autriche par les succès de cette campagne. — Désaccord entre le cabinet de Vienne et celui de Saint-James. — Traité de Worms entre l'Angleterre, l'Autriche et la Sardaigne. — Excursions des troupes légères du roi Georges dans l'Alsace et jusqu'en Lorraine. — Nouvelles péripéties. — Réaction en Allemagne contre l'Autriche. — Déclaration de guerre de la France à la reine de Hongrie. — *Pacte de famille* entre les Bourbons de France et d'Espagne. — Pacte entre l'empereur, le roi de Prusse et le roi de Suède ; traité secret entre la France et la Prusse. — La France met quatre armées sur pied. — Louis XV, avec les maréchaux de Saxe et de Noailles, attaque la Flandre. — Ses succès rapides. — Invasion des Autrichiens en Alsace. — Le roi va au secours de l'Alsace. — Invasion de la Bohême par la Prusse. — Prise de Prague par Frédéric. — Les Autrichiens sont repoussés de la Bavière. — Alarmes de Vienne. — Fermeté de Marie-Thérèse. — Nouvel appel à la nation hongroise. — Lettre de Marie-Thérèse au comte de Palfy, palatin de Hongrie. — L'armée hongroise vole au secours de la Bohême. — Retraite difficile de l'armée autrichienne qui avait pénétré en Alsace. — Elle est favorisée par la maladie dont Louis XV est atteint à Metz. — Les Autrichiens forcent les Prussiens à évacuer la Bohême. — Prise de Fribourg par le maréchal de Coigny. — Succès de l'armée franco-espagnole en Sardaigne.

Le commencement de l'année 1743 fut marqué par la mort de Fleury, qui finit ses jours dans la quatre-vingt-dixième année de son âge, après avoir gou-

verné la France pendant dix-sept ans avec un désintéressement parfait, mais non avec la capacité et les talents nécessaires dans un poste aussi élevé.

A la mort du cardinal de Fleury, Louis XV déclara qu'il n'aurait plus de premier ministre et qu'il gouvernerait par lui-même. A l'exemple de Louis XIV, il travailla avec les secrétaires d'État chargés des départements divers; mais cette ardeur s'éteignit bientôt; il ne soutint pas huit jours l'effort de volonté que son bisaïeul avait soutenu plus d'un demi-siècle. La conduite des affaires fut abandonnée aux différents ministres, qui étaient indépendants les uns des autres, d'où il résulta un défaut complet d'unité dans le gouvernement.

La cour de Versailles était en outre agitée par les intrigues des ducs de Noailles et de Richelieu, et par celles des favorites. Le duc de Noailles, neveu de Mme de Maintenon, était attaché au système de Louis XIV. C'était lui principalement qui avait inspiré au roi la résolution d'être son premier ministre. Avec de grands talents pour les affaires et pour la guerre, il se jeta dans les intrigues de cour, et il couvrait son ambition sous le voile de la franchise et de la simplicité. Le duc de Richelieu avait acquis beaucoup d'influence grâce à la duchesse de Châteauroux, favorite du roi; mais, malgré cet appui, il n'avait pu obtenir la direction des affaires étrangères, à laquelle il se croyait propre tant par les connaissances qu'il avait acquises que par l'adresse qu'il avait déployée dans son ambassade à Vienne. « Cet

« aréopage gouvernait la France, dit Frédéric II dans
« ses OEuvres posthumes; c'était proprement une
« aristocratie, ou bien un vaisseau qui, naviguant
« sans boussole sur une mer orageuse, ne sui-
« vait pour système que l'impulsion des vents. Les
« armées ne prospérèrent pas sous cette nouvelle
« administration. »

Tandis que l'ascendant de la France déclinait
sensiblement au dehors, la cause de Marie-Thérèse
triomphait dans toute l'Europe. Le zèle du roi et du
parlement d'Angleterre ne s'était point refroidi. Le
subside accordé l'année précédente à la reine de
Hongrie fut continué, et l'on en vota un autre de
deux cent mille livres sterling pour le roi de Sardaigne. L'armée que le comte de Stairs commandait
en Flandre se disposa à passer le Rhin pour agir
en Allemagne. Les états généraux de Hollande four-
nirent un contingent de six mille hommes, et se pré-
parèrent à porter des secours plus considérables.
Les Suédois, continuellement battus, avaient fait la
paix avec la Russie, et cette dernière puissance venait de conclure une alliance défensive avec l'Angleterre. Ainsi Marie-Thérèse fut en état de réunir à ses
propres forces une partie de celles de ses alliés.

La Bavière fut le théâtre des premières opérations
de la campagne. Au commencement du mois de
mai, le prince Charles, secondé par l'entreprenant
maréchal Khevenhuller, força les postes avancés des
Français à se replier sur l'Iser. Il défit ensuite, dans
un sanglant combat, un corps de Bavarois fortement

retranchés à Erbach. Il lui enleva ses drapeaux, son artillerie, ses bagages, et il lui fit six mille prisonniers, au nombre desquels était le général Minucci, qui commandait ce corps. Le prince Charles reprit ensuite le cours de ses opérations contre les Français, et contraignit le maréchal de Broglie à se retirer sur le Rhin. Dans le même temps, le prince de Lobkowitz bloquait Egra, chassait du haut Palatinat le comte de Saxe, et se portait vers le Danube, pour agir de concert avec le prince Charles. Enfin le baron de Stenitz, étant sorti du Tyrol, ravageait les parties méridionales de la Bavière.

L'infortuné empereur Charles VII, alarmé des progrès de l'ennemi, s'enfuit de Munich, où il était revenu à la suite de l'armée de Maillebois, et, n'attendant aucun secours de la France, donna l'ordre à son feld-maréchal Seckendorf de conclure avec les Autrichiens un traité de neutralité pour ce qui lui restait de troupes. Par ce traité, ce prince renonçait à ses droits sur la succession des États autrichiens, et abandonnait ses propres États à la reine de Hongrie, jusqu'à la conclusion de la paix. En conséquence, les troupes bavaroises se retirèrent dans la Franconie, à Philippsbourg, et Charles VII, sans armée, sans argent, alla traîner son vain titre et sa ruine pompeuse dans la ville impériale de Francfort.

Au moment où de Broglie sortait de la Bavière, il semblait que sa honteuse retraite allait être vengée d'une manière éclatante par le duc de Noailles. Le roi Georges II avait poussé son armée le long du

Mein jusqu'à Aschaffenbourg, sans connaître le terrain : une armée française, composée des armées de Belle-Isle et de Broglie et de nouvelles recrues, et commandée par le duc de Noailles, s'était portée sur les bords du Necker, pour retarder la marche des alliés et empêcher qu'ils ne fissent jonction avec le prince Charles. Par la position que Noailles avait prise sur l'autre bord du Mein, il empêchait les Anglo-Allemands de déboucher, les tenait serrés dans une espèce d'impasse entre la rivière et les montagnes arides de Spessart, et leur coupait les vivres par les postes qu'il occupait sur le Mein, au-dessus et au-dessous de leur camp. Georges II, ne pouvant ni avancer ni subsister, voulut retourner en arrière : c'était où l'attendait Noailles. Des batteries étaient disposées sur la rive gauche du Mein pour y foudroyer l'ennemi durant son défilé sur la rive droite : un corps français passa la rivière à Seligenstadt, et se mit en bataille entre la rivière et les hauteurs, derrière le village de Dettingen, qui couvrait un ravin que l'ennemi devait traverser pour gagner la route de Hanau; un autre corps traversa le Mein plus haut et se saisit d'Aschaffenbourg dès que l'ennemi en fut sorti. L'armée anglaise se trouvait prise comme dans un piège. Le plus grand général n'eût pas fait de meilleures dispositions : le succès paraissait infaillible, le roi d'Angleterre et toute son armée pouvaient être faits prisonniers, et cet événement aurait changé complètement la face des choses.

Malheureusement toutes ces combinaisons furent

dérangées par l'impatience du duc de Grammont, neveu du maréchal de Noailles, qui commandait le corps placé près de Dettingen. Le maréchal lui avait donné l'ordre de ne pas bouger de cette position, qui était le point décisif, et d'y attendre du renfort. Mais Grammont, voyant le désordre où le feu des batteries françaises, avait jeté les Anglo-Allemands, et désireux de se signaler, quitta le poste inexpugnable qu'il occupait, passa le ravin, s'avança dans la plaine, et se jeta comme un fou entre les Anglais et les batteries françaises de la rive gauche, qui depuis trois heures foudroyaient l'ennemi ; le reste de l'avant-garde suivit Grammont. Dès lors toute l'habile combinaison de Noailles fut perdue : l'artillerie française se vit forcée de cesser son feu ; l'ennemi se rallia en masses profondes, qui reçurent en bon ordre et repoussèrent par un feu nourri les charges tumultueuses des cavaliers et des fantassins français. La cavalerie de la maison du roi déploya inutilement une brillante valeur ; l'infanterie, pleine de recrues et de milices, se débanda en grande partie, et Noailles n'eut d'autre parti à prendre que de replier ce corps compromis sur le gros de l'armée encore au delà du Mein. Alors les Anglais passèrent, trop heureux d'avoir conquis une libre retraite, et, tout vainqueurs qu'ils étaient, ils abandonnèrent leurs blessés sur le champ de bataille à l'humanité française.

La journée de Dettingen ne décidait rien ; c'était plutôt une heureuse délivrance qu'une victoire ; ce-

4*

pendant les alliés la célébrèrent comme un triomphe éclatant, et un *Te Deum* solennel fut chanté à Vienne. La ville d'Egra ayant été reprise sur ces entrefaites, Marie-Thérèse ne voyait plus d'ennemis dans ses États. Bientôt le prince Charles parut sur le Rhin, dans les environs de Manheim, à la tête d'une armée fière de ses succès, et égale pour le nombre et la discipline à toute autre que la maison d'Autriche eût jamais mise sur pied. En même temps des renforts anglais et hanovriens arrivèrent à l'armée de Georges II ; on annonçait en outre quinze mille Hollandais. Noailles, menacé d'être pris entre le roi d'Angleterre et le prince Charles, repassa le Rhin et se replia sur Spire, où il retrouva les restes de l'armée de Bavière, puis sur la Lauter.

Les succès de cette campagne inspirèrent à l'Angleterre et à l'Autriche les projets les plus téméraires ; il ne s'agissait de rien moins que de démembrer la France, et de lui enlever l'Alsace, la Lorraine, la Franche-Comté et peut-être la Bourgogne. Il fut convenu que le roi Georges attaquerait par la basse Alsace, et le prince Charles par la haute. Les alliés cependant perdirent du temps, et n'essayèrent point d'agir avant la fin d'août. Ils éprouvaient à leur tour les inconvénients des coalitions ; la discorde était dans le camp de Georges II, qui était, comme son père, plus Allemand qu'Anglais, et qui excitait la jalousie des fiers insulaires par ses préférences pour les Hanovriens. D'un autre côté, le cabinet anglais, sachant les tentatives que faisait la France pour

regagner le roi de Sardaigne, voulut forcer Marie-Thérèse aux concessions territoriales nécessaires pour s'assurer de Charles-Emmanuel. Cette princesse s'indignait que ses amis prétendissent la dépouiller comme ses ennemis : elle finit cependant par céder, et le 13 septembre un traité fut signé à Worms, entre l'Autriche, l'Angleterre et la Sardaigne. Par cet acte, Marie-Thérèse cédait au roi de Sardaigne la partie du Milanais à l'ouest du Tessin, la portion du territoire de Pavie au sud du Pô, Plaisance et la portion du Plaisantin à l'ouest de la Nura. A ce prix, Charles-Emmanuel s'engageait à tenir sur pied quarante-cinq mille hommes jusqu'à la paix générale, et l'Angleterre lui promettait deux cent mille livres sterling par an.

Ce traité conclu, le roi Georges, qui avait traversé le Rhin à Mayence et s'était porté à Worms, s'avança jusqu'auprès du Landau, pendant que le prince Charles tentait de forcer le passage du Rhin vers Brisach. Cette dernière attaque fut vivement repoussée par le maréchal de Coigny, qui commandait un corps d'armée française. Le duc de Noailles, chargé de tenir tête au roi Georges, ne fut point attaqué par ce prince, qui se contenta de lancer dans la basse Alsace et une partie de la Lorraine quelques milliers de hussards, de Croates et de Pandours sous les ordres d'un chef de partisans, Mentzel, renommé pour sa férocité. Noailles envoya contre lui un corps de cavalerie commandé par Berchini, noble hongrois réfugié en France, qui atteignit les ennemis près de

Sarrebruck, les défit et tua Mentzel. Après cette double tentative, les alliés ajournèrent leurs projets à l'année suivante, et établirent leur armée en quartiers d'hiver. Ils avaient mal profité des heureux débuts de leur campagne, et des cent mille hommes dont ils avaient pu disposer à la fin de septembre.

De nouvelles péripéties semblaient se préparer pour 1744, avec un développement beaucoup plus vaste encore de la guerre. L'Angleterre eût voulu qu'on rendît la Bavière à l'empereur, à condition qu'il déclarât la guerre à Louis XV au nom de l'empire. Marie-Thérèse prétendit davantage; elle exigeait que l'empereur abdiquât, afin de porter au trône impérial son mari, le grand-duc de Toscane.

Ces prétentions de la reine de Hongrie, les vexations commises par les Autrichiens et les Anglais sur les territoires neutres, excitèrent une vive réaction en Allemagne contre l'Autriche; et le roi de Prusse, décidé à empêcher par tous les moyens la déposition de l'empereur et l'établissement de la domination autrichienne, se remit en correspondance avec la France. La nation française, qui avait pris jusque-là trop légèrement les fautes et les humiliations de cette guerre, s'émut et s'irrita violemment des menaces contre l'Alsace et la Lorraine. Malgré la misère trop répandue, le public applaudit cette année aux levées de troupes et couvrit les emprunts. L'enthousiasme fut unanime quand on apprit que Louis XV allait marcher en personne à la tête de son armée.

Depuis quatre ans la France faisait une guerre
très vive à la reine de Hongrie et à ses alliés sans
l'avoir déclarée, et seulement sous prétexte de soutenir Charles de Bavière ; on résolut de rejeter enfin
ces fictions puériles, et de faire franchement la
guerre au nom de la France. Un traité d'alliance
offensive et défensive fut conclu entre les Bourbons
de France et d'Espagne, sous le nom de *pacte de
famille*, et des négociations furent entamées avec
divers princes allemands. Au mois de mars, Louis XV
déclara la guerre au roi d'Angleterre, électeur de
Hanovre. La France applaudit avec transport ; la
vieille haine contre l'Angleterre, longtemps assoupie,
se réveilla. Une pareille déclaration fut lancée le
mois suivant contre la reine de Hongrie ; elle était
particulièrement motivée par les efforts de Marie-
Thérèse pour envahir et soulever la Lorraine et
l'Alsace. Des protestations amicales à la diète germanique suivirent ce manifeste, et, le 22 mai, les
pourparlers avec les princes allemands aboutirent à
un pacte signé à Francfort entre l'empereur, le roi
de Prusse, l'électeur palatin et le roi de Suède,
comme landgrave de Hesse-Cassel ; la Hesse abandonnait les subsides anglais pour les subsides français. La France accéda à ce traité le 6 juin ; on s'engageait à forcer la cour de Vienne à reconnaître
l'empereur et à le rétablir dans ses domaines, et les
partis se garantissaient leurs possessions respectives. Par un autre traité secret, entre la France et
la Prusse, Frédéric promit d'envahir la Bohême ;

Louis XV, d'envoyer deux armées en Bavière et en
Westphalie. La France mit aussi sur pied deux autres
armées : l'une pour attaquer la Sardaigne par le
comté de Nice, et l'autre destinée à agir en Flandre.
Le roi se mit à la tête de cette dernière armée, forte
de quatre-vingt mille hommes, ayant choisi pour la
commander sous ses ordres le fameux comte de
Saxe, qu'il décora du bâton de maréchal de France,
et le maréchal de Noailles. Le roi rentra en campagne à la fin de mai. On attaqua entre la Lys et la
mer : Courtray, Menin, Ypres, le fort de la Knoque,
Furnes, tombèrent en moins de deux mois au pouvoir du roi. Les généraux autrichiens et anglais
étaient témoins de ces progrès sans pouvoir y mettre
obstacle. Le maréchal de Saxe, posté près de Courtray avec une armée, protégeait les opérations en
arrêtant les efforts des ennemis.

Au milieu de ces succès rapides et peu disputés,
on apprit tout à coup que les Autrichiens avaient
passé le Rhin du côté de Spire, à la vue de l'armée
franco-bavaroise, commandée par le vieux maréchal
de Coigny ; que l'Alsace était déjà entamée, et que les
frontières de la Lorraine étaient menacées. En effet,
le prince Charles de Lorraine, qui n'avait pu réussir
dans ce projet l'année précédente, ne l'avait pas perdu
de vue, et il était enfin entré dans l'Alsace avec une
armée de plus de soixante mille hommes. Il s'était
emparé immédiatement de Lauterbourg et de Wis-
sembourg. Les partis hongrois et croates inondèrent
la basse Alsace et pénétrèrent en Lorraine ; le roi

Stanislas dut quitter Lunéville pour n'être point exposé à tomber dans leurs mains.

En apprenant l'entrée des Autrichiens en Alsace, le roi partit avec Noailles à la tête de vingt-cinq à trente mille hommes pour aller secourir les provinces de l'Est ; le reste de l'armée de Flandre fut laissé au maréchal de Saxe, afin de couvrir les nouvelles conquêtes et la frontière du nord entre les Anglais et leurs alliés.

On ne peut prévoir quelles eussent été les conséquences de cette irruption des Autrichiens en Alsace, si une intervention inattendue n'était venue changer la face des affaires. Louis XV, en arrivant à Metz, y reçut une lettre du roi de Prusse qui lui annonçait qu'il allait entrer en Bohême et qu'il serait devant Prague avant un mois. En effet, il envahit bientôt la Bohême avec quatre vingt mille hommes, et cette puissante diversion força immédiatement le prince Charles d'abandonner l'Alsace pour se porter en Bohême, en même temps qu'elle relevait les espérances de Charles VII et mettait la reine de Hongrie dans la nécessité de défendre ses États héréditaires, au moment où elle espérait faire des conquêtes dans les provinces de ses ennemis.

Le roi de Prusse marcha directement sur Prague, dont il se rendit maître en peu de temps, et dont il fit prisonnière la garnison, forte de quinze mille hommes. Il soumit ensuite toute la partie de ce royaume située à l'orient de la Mulde. Dans le même temps un corps de troupes bavaroises et hessoises,

commandé par le maréchal Seckendorff, pénétra dans la Bavière, et remit l'empereur Charles VII en possession de la plus grande partie de son électorat.

L'alarme se répandit jusqu'à Vienne, mais elle n'atteignit point l'âme de l'intrépide Marie-Thérèse. Après avoir rappelé, comme nous l'avons dit, son armée d'Alsace, elle se rendit à la diète de Presbourg pour y exciter le zèle des Hongrois. Le comte de Palfy, le vénérable palatin du royaume, en fit déployer le grand étendard rouge, pour signal de la levée d'une armée d'*insurrection*. Sur-le-champ quarante-quatre mille hommes prennent les armes, et trente autres mille forment un corps de réserve. Il n'y avait que l'habileté de Marie-Thérèse qui pût donner cette unanimité à une nation ordinairement si divisée d'opinions. Ce fut à cette occasion qu'envoyant au comte de Palfy, avec un cheval richement caparaçonné et qu'elle avait elle-même monté, une épée à poignée d'or et enrichie de diamants et une bague d'un grand prix, elle lui écrivit cette lettre remarquable :

« Père Palfy,

« Je vous envoie ce cheval, qui est digne de n'être « monté que par le plus fidèle et le plus zélé de « mes sujets. Recevez en même temps cette épée « pour me défendre contre mes ennemis, et portez « cet anneau comme une marque de mon affection « pour vous.

« MARIE-THÉRÈSE. »

Tous les Hongrois, depuis le vieux palatin jusqu'au dernier vassal du royaume, furent animés du plus grand enthousiasme pour la cause d'une souveraine qui savait si bien se concilier les cœurs. Des troupes nombreuses se rangèrent autour de l'étendard royal, et, soutenues par un corps d'Autrichiens que commandait Bærenklau et par six mille Saxons, elles volèrent à la défense de la Bohême.

Cependant l'armée autrichienne qui avait pénétré en Alsace et en Lorraine était exposée aux plus grands dangers, forcée qu'elle était de repasser le Rhin à la vue d'un ennemi qui avait l'avantage du nombre, et dont les rangs grossissaient tous les jours. Mais la maladie dangereuse dont Louis XV fut atteint à Metz suspendit les opérations des Français. Le prince Charles concentra ses forces et effectua son passage près de Spire, en présence de l'armée commandée par le maréchal de Noailles, qui ne fit attaquer que l'arrière-garde. A peine les Autrichiens eurent-ils repassé le Rhin, qu'ils se dirigèrent à marches forcées au secours de la Bohême. Ayant fait sa jonction avec les Hongrois et l'armée commandée par Bærenklau, Charles de Lorraine s'avança dans la Bohême, et pressa tellement Frédéric, qu'il l'obligea d'évacuer le pays à la fin de l'année même.

Pendant que Marie-Thérèse recouvrait son royaume de Bohême, elle perdait Fribourg, dont le maréchal de Coigny avait formé le siège aussitôt après la retraite du prince Charles. Le roi de France, encore convalescent, assista à une partie de ce siège, qui

coûta dix-huit mille hommes aux Français, et deux mois de travaux pénibles. La garnison fut prisonnière de guerre, et le roi fit raser les fortifications de la place.

Dans les Pays-Bas, le maréchal de Saxe, quoique avec des forces inférieures, fit échouer tous les efforts des alliés.

D'un autre côté, une armée franco-espagnole, commandée par le prince de Conti sous l'infant don Philippe, avait pénétré dans le comté de Nice, s'était emparée de cette ville, puis de Montalban et de Villefranche, avait franchi les Alpes, emporté Château-Dauphin, forcé les fameuses barricades de la Stura, jugées jusque-là imprenables; ensuite elle était descendue dans la vallée de la Stura, avait pris Demont et mis le siège devant Cour. Le roi de Sardaigne s'efforça en vain de faire lever le siège de cette place; mais l'approche de l'hiver força les Français à renoncer à leur entreprise, et à repasser les Alpes, non sans de grandes difficultés. Ce furent les dernières opérations de la guerre de 1744.

CHAPITRE VI

Joie de Marie-Thérèse. — Mort de l'empereur Charles VII. — La guerre, que cet événement semblait devoir terminer, se ranime avec une nouvelle vigueur. — Les Autrichiens chassent les Franco-Bavarois de la Bavière. — Traité de Füssen entre le nouvel électeur de Bavière et Marie-Thérèse. — Traité d'Auguste III avec l'Autriche. — Campagne de Flandre. — Bataille de Fontenoy. — Conquête de la Belgique par les Français. — Bataille de Friedberg gagnée par le roi de France sur les Autrichiens. — L'époux de Marie-Thérèse, le grand-duc de Toscane, est élu empereur, et prend le nom de François Ier. — Marie-Thérèse *impératrice-reine.* — Belle campagne du roi de Prusse. — Défaite des Saxons par le prince d'Anhalt. — Traité de Dresde entre Marie-Thérèse et Frédéric II. — Changements opérés par la paix de Dresde. — Succès du maréchal de Saxe dans les Pays-Bas. — Revers des Français en Italie et leur retraite de ce pays. — Consternation de Gênes ; prise de cette ville par les Autrichiens. — Projet d'une expédition des Autrichiens contre Naples. — Opposition de l'Angleterre. — Invasion de la Provence par l'armée austro-sarde. — Révolte de Gênes. — Ce soulèvement force les Autrichiens à évacuer la Provence. — Le maréchal de Belle-Isle les poursuit. — Secours envoyés à Gênes. — Nouveau siège de cette ville. — Occupation du comté de Nice par l'armée française. — Levée du siège de Gênes. Attaque désastreuse du col de l'Assiette par le chevalier de Belle-Isle. — Défense des environs de Gênes par le duc de Richelieu. — Déclaration de guerre du roi de France à la Hollande. — Invasion de la Hollande par l'armée française. Prise d'un grand nombre de places. — Consternation des Provinces-Unies. — Rétablissement du stathoudérat. — Le maréchal de Saxe créé maréchal général. — Bataille de Lawfeld gagnée par le maréchal de Saxe. — Prise d'assaut de Berg-op-Zoom. — Le maréchal de Saxe investit Maëstricht et en presse le siège. — Effet produit sur les alliés par le siège de Maëstricht. — Préliminaires de paix entre la France, l'Angleterre et la Hollande. — Accession de Marie-Thérèse à ces préliminaires. — Suspension d'armes générale. — Congrès d'Aix-la-Cha-

pelle. — Traité de paix. — Analyse des clauses de cet acte. — Avantages qui en résultent pour la maison d'Autriche. — Mécontentement de Marie-Thérèse.

La joie excessive que Marie-Thérèse ressentit du mauvais succès de l'expédition que le roi de Prusse avait faite dans la Bohême absorba le chagrin que lui avaient fait éprouver les revers essuyés par ses troupes en Flandre et en Italie, la prise de Fribourg, et la perspective de pertes encore plus considérables. Cette princesse se crut certaine de recouvrer la Silésie, et tout autre objet ne lui parut plus que secondaire.

Sur ces entrefaites, un grave événement vint modifier la situation de l'Europe, et ouvrir à l'ambition de Marie-Thérèse une nouvelle carrière. L'empereur Charles VII, miné par les chagrins et les maladies qui l'avaient accablé, mourut d'une goutte remontée, le 10 janvier 1745 : triste exemple pour les ambitieux qui n'ont ni talent ni énergie à l'appui de leurs prétentions.

La mort de Charles VII paraissait devoir faciliter la paix en Europe, puisque la France et la Prusse semblaient n'avoir pris les armes que pour le soutenir sur le trône impérial. Le nouvel électeur de Bavière, Maximilien-Joseph, était un jeune homme de dix-sept ans, que son âge excluait de l'empire ; on eût pu accorder à Marie-Thérèse l'élection tant souhaitée de son mari moyennant des cessions territoriales en Italie et l'abandon définitif de la Silésie ; mais ni

Marie-Thérèse ni les Anglais ses défenseurs ne voulaient de transactions avant que la France fût abattue; et, de son côté, la France voulait à tout prix enlever pour toujours la couronne impériale à la maison d'Autriche. Le cabinet de Versailles fit en même temps une tentative auprès du roi de Pologne Au-

Bataille de Fontenoy.

guste III, électeur de Saxe, et le pressa de se porter candidat à l'empire. Mais Auguste III, qui venait de resserrer les liens de la Saxe avec l'Autriche et d'accepter les subsides de l'Angleterre et de la Hollande, ne se montra pas disposé à entrer dans cette combinaison : l'exemple de l'électeur de Bavière n'était pas fait pour le tenter. La guerre s'était envenimée en se prolongeant, et chacune des parties bel-

ligérantes s'apprêta à la pousser avec une nouvelle vigueur.

La campagne s'ouvrit par un succès important pour Marie-Thérèse. Deux corps austro-hongrois attaquèrent au mois de mars l'armée franco-bavaroise, qui se trouvait encore dans ses cantonnements. Le général Seckendorff, gagné par l'Autriche, ne songea pas même à se défendre; les auxiliaires hessois mirent bas les armes; un petit corps de troupes françaises, engagé dans la Bavière et commandé par Ségur, se retira en combattant vaillamment, et parvint à gagner Donawert et la Souabe. Seckendorff imposa alors au jeune électeur un traité immédiat avec l'Autriche. Par ce traité, signé à Füssen le 22 avril, l'électeur de Bavière, moyennant la restitution de ses domaines, renonça à toutes prétentions sur les États autrichiens, promit sa voix pour l'élection du grand-duc de Toscane, et s'engagea à une entière neutralité. La France perdit ainsi l'alliance qui l'avait entraînée à cette malheureuse guerre, et qui lui avait coûté des subsides énormes sans lui apporter aucun point d'appui solide. La défection de la Bavière eut pour conséquence immédiate le refus définitif que fit Auguste III d'accepter la candidature à l'empire : il promit aussi sa voix au grand-duc de Toscane, et conclut avec l'Autriche un nouveau traité d'alliance offensive et défensive.

Cette année (1745) devait être féconde en péripéties. Après la paix avec la Bavière, le sort de la Flandre fut décidé par un grand choc. Le maréchal

de Saxe, à la tête de l'armée française, avait investi
Tournay; le roi de France et le dauphin s'étaient
rendus à l'armée. Les alliés commandés par le duc
de Cumberland, second fils de Georges II, par le
prince de Waldeck et par le vieux Kœnigseck, entre-
prirent de faire lever le siège, et livrèrent près de
Fontenoy la célèbre bataille qui porte ce nom (11 mai).
Ils furent complètement battus : Tournay et Gand
se rendirent immédiatement aux Français, qui achevèrent sans difficultés la conquête de toute la Belgique.

Tandis que Marie-Thérèse perdait ses provinces
de Flandre, le roi de Prusse lui faisait éprouver un
rude échec en Silésie. Frédéric II avait attiré le
prince Charles dans le duché de Schweidnitz en haute
Silésie, et l'avait complètement battu à Friedberg
(4 juin). Cette journée avait coûté aux Autrichiens
quatre mille hommes tués sur le champ de bataille
et sept mille prisonniers. Le roi de Prusse, en an-
nonçant à Louis XV la nouvelle de cette victoire, lui
dit : « J'ai acquitté à Friedberg la lettre de change
que vous avez tirée sur moi à Fontenoy. »

Au milieu de ces revers sanglants, Marie-Thérèse
réussit enfin dans un projet qu'elle nourrissait depuis
longtemps en son cœur, celui de placer son époux sur
le trône impérial; et la satisfaction qu'elle en ressentit
lui fit presque oublier ses désastres à Fontenoy et à
Friedberg. Les troupes françaises qui se trouvaient
dans les environs de Francfort, et qui auraient pu
s'opposer à l'élection, avaient été grandement affai-

blies par les détachements qu'on en avait tirés pour l'armée de Flandre. Le prince de Conti, qui les commandait, ne put se maintenir outre-Rhin jusqu'à la fin de la campagne, en présence des forces que Marie-Thérèse avait concentrées sur ce point ; il fut donc obligé de repasser sur la rive gauche de ce fleuve. Alors la diète électorale, débarrassée d'un voisinage menaçant, se réunit et délibéra comme en pleine paix, et le 13 septembre elle élut empereur l'époux de Marie-Thérèse, sous le nom de François Ier, L'empire entra dans la nouvelle maison d'Autriche pour le temps qui lui restait à vivre. Les trois électeurs ecclésiastiques avaient été regagnés par l'Autriche. Les voix de Saxe et de Hanovre complétèrent la majorité ; les électeurs de Brandebourg et Palatin protestèrent en vain.

Marie-Thérèse, qui prit dès lors le titre d'*impératrice-reine*, se rendit à Francfort pour y jouir de son triomphe et du spectacle du couronnement de son époux. Elle assista du haut d'un balcon à la cérémonie de l'entrée ; elle fut la première à crier *vivat*, et tout le peuple lui répondit par des acclamations prolongées. Ce grand jour, qui était pour elle la récompense de tant d'inquiétudes et de travaux, fut sans contredit un des plus beaux de sa vie. Elle alla ensuite voir son armée rangée en bataille auprès de Heidelberg ; cette armée était forte de soixante mille hommes. L'empereur, son époux, la reçut l'épée à la main, à la tête des troupes. Elle passa entre les lignes, saluant avec bonté les officiers et les soldats,

dîna sous une tente, et, pour que tout le monde prît
part à sa joie, elle fit distribuer un florin à chaque
soldat.

Ainsi l'objet qui avait entraîné la France à la
guerre : la translation de l'empire hors des mains
autrichiennes, était manqué définitivement. Ce grave
échec politique ne fut pas le seul qu'éprouva la France
par suite de l'isolement où elle laissait l'unique allié
qu'elle eût en Allemagne. Le roi de Prusse, aban-
donné à ses propres ressources, avait fait une campagne admirable; après avoir battu les Autrichiens
à Frïedberg, il les battit de nouveau le 30 septembre
entre Sor et Troteneau; puis, menacé dans Berlin
même par une diversion que tentèrent ses ennemis,
il les jeta sur Dresde, d'où s'enfuit Auguste III; le
vieux prince d'Anhalt, le créateur de l'infanterie
prussienne, couronna sa carrière en écrasant les
Saxons avec une partie de l'armée de Frédéric, avant
que les Autrichiens pussent les secourir (15 décembre); mais Frédéric n'avait accumulé les victoires
que pour forcer ses ennemis à la paix. Ne recevant
ni soldats ni subsides de ce gouvernement français
qui avait prodigué tant de sang et de trésors à d'inu-
tiles alliés, et qui ne savait rien faire pour en conserver un si redoutable, sentant que la Prusse ne
pouvait fournir une troisième campagne sans se
ruiner, dès qu'il vit Marie-Thérèse ployant sous cette
série de revers, et sous la pression de la diplomatie
anglaise, prête à consentir à renouveler la cession
de la Silésie, il s'empressa de conclure la paix avec

elle, à Dresde, le 25 décembre 1745. Frédéric traita pour le Palatinat et pour la Hesse en même temps que pour lui, et reconnut l'empereur François Ier.

La paix de Dresde changea la face des affaires. La guerre de la succession d'Autriche se trouva transformée en une guerre sans but et sans raison, continuée en Italie par l'Espagne et la France contre l'Autriche; dans les Pays-Bas, par la France seule contre l'Angleterre et l'Autriche réunies, et contre la Hollande.

Dans les Pays-Bas, le maréchal de Saxe prit successivement Bruxelles, Anvers, Mons, et finalement Namur, le 19 septembre 1746. Le corps bavarois y fut défait et presque entièrement détruit, dans la bataille de Rocoux. C'est par cette brillante victoire que le maréchal de Saxe couronna, le 11 octobre 1746, les succès qu'il avait eus dans ces provinces. Les alliés, commandés par le prince Charles de Lorraine, y perdirent douze mille hommes sur le champ de bataille et laissèrent trois mille prisonniers. Le général Ligonnier, à la tête de la cavalerie anglaise, protégea la retraite des alliés. A la fin de la campagne (1746), les Pays-Bas autrichiens, à l'exception de Luxembourg et de Limbourg, se trouvaient entre les mains des Français.

En Italie, les Français furent loin d'avoir le même succès que dans la campagne précédente. La paix de Dresde, qui avait rendu la tranquillité à l'empire, permit à Marie-Thérèse d'envoyer une armée considérable au secours de ses États italiens. Grâce à la supériorité numérique de cette armée, les Autri-

chiens expulsèrent successivement les Français et les Espagnols de toutes leurs conquêtes. Le 16 juin, le roi Charles-Emmanuel et le prince Lichtenstein remportèrent une victoire signalée sur le maréchal de Maillebois et le général Gage. Cette défaite eut les suites les plus désastreuses pour les Français. Elle engagea Ferdinand VI, qui succéda à son père Philippe V, le 9 juillet 1746, à rappeler ses troupes de la Lombardie. Les Français, dès lors trop faibles pour tenir tête aux Autrichiens, repassèrent les Alpes. Le comte de Maillebois, fils du maréchal, dirigea cette retraite dangereuse et difficile.

Gênes, qui avait embrassé le parti franco-espagnol, fut terrifiée par ces revers. Cette ville, attaquée par les Autrichiens, se rendit à discrétion. Les troupes de la république furent déclarées prisonnières de guerre; toutes les armes et munitions de guerre et de bouche qui se trouvaient dans la ville furent livrées aux Autrichiens; le doge et les dix sénateurs devaient, dans le délai d'un mois, se transporter à Vienne pour demander pardon et implorer la clémence impériale. La ville fut en outre frappée de contributions énormes.

Le moment paraissait favorable à la cour impériale pour reconquérir le royaume de Naples; mais l'Angleterre, qui voulait se venger du mal que la France lui avait fait en favorisant la descente du prétendant Charles-Édouard en Écosse [1], et ménager le roi d'Espagne, avec lequel elle espérait faire une paix

---

[1] Voyez notre histoire du *Dernier des Stuarts*, un vol. in-8°, publié par Alfred Mame et fils, imprimeurs-libraires, à Tours.

particulière, exigea qu'au lieu d'aller à Naples on fît une expédition en Provence. Il fallut se soumettre à la puissance qui fournissait les fonds de la guerre. En conséquence l'expédition de Provence fut résolue, et, le 29 novembre, le général Brown, à la tête de trente-cinq mille Autrichiens et Sardes (ceux-ci sous le commandement du marquis Balbiani), passa le Var, s'empara de Vence, Grasse, Cannes, Fréjus, et entreprit le siège d'Antibes, qu'une escadre anglaise bombardait du côté de la mer. L'armée française, sous les ordres du marquis de Mirepoix, réduite à six mille hommes, ne put lui résister. Mais une révolte inattendue des Génois, tout en apprenant aux Autrichiens qu'on n'abuse pas impunément de la victoire, força le comte de Brown à évacuer la Provence. Le peuple de cette ville, à la vue d'un traitement indigne qu'un citoyen de Gênes éprouvait de la part d'un officier autrichien, courut aux armes (5 décembre). Le soulèvement devint bientôt général; et, à la suite d'une lutte sanglante, prolongée pendant plusieurs jours, les habitants se débarrassèrent de la garnison autrichienne. Le général Botta, qui la commandait, après avoir perdu cinq mille hommes, fut obligé d'abandonner ses magasins et ses équipages, et de repasser la Bocchetta. L'armée des alliés en Provence, se trouvant par cet événement privée de ses subsistances, qu'elle tirait de Gênes, et menacée par le maréchal de Belle-Isle, qui approchait à la tête d'une armée française, leva, le 19 janvier 1747, le siège d'Antibes, et rentra en Italie.

Les Français marchèrent sur leurs pas. Le maréchal de Belle-Isle, puissamment renforcé et devenu égal aux ennemis, reprit l'offensive sur tous les points. On ne fut pas ingrat envers Gênes, qui avait puissamment contribué à faire échouer l'expédition austro-sarde en Provence. De février à mai, en dépit des croisières anglaises, on fit passer à Gênes des ingénieurs, de l'argent, des troupes et un général brave et habile, le duc de Boufflers, fils du maréchal de ce nom. Il était temps ; car, deux mois après l'évacuation de la Provence, un corps d'armée autrichien força de nouveau le passage des Apennins, et la courageuse cité fut assiégée par terre et par mer.

Pour faire une diversion qui pût dégager Gênes, le maréchal de Belle-Isle attaqua le comté de Nice et s'en empara. Les Piémontais, réunis aux Autrichiens, laissaient prendre leur pays et continuaient à presser Gênes ; enfin le roi de Sardaigne abandonna le siège pour défendre ses provinces. Les Autrichiens, trop faibles pour le continuer seuls, l'abandonnèrent à leur tour, et la flotte qui bloquait le port prit le parti de se retirer. Le duc de Boufflers, qui avait déployé le plus grand talent dans la défense de Gênes, mourut quelques jours avant la délivrance de cette ville ; ce fut le duc de Richelieu qui y mit la dernière main, en suivant avec intelligence le plan de son prédécesseur.

Le maréchal de Belle-Isle, voulant faire dans le Piémont une diversion qui forçât les Autrichiens à abandonner la Bocchetta, envoya son frère, le che-

valier de Belle-Isle, dans la vallée de la Stura, qui conduit à Turin. Le chevalier fut arrêté au col de l'Assiette par un retranchement en pierre et en bois que défendait un corps piémontais. On ne put ni tourner ni dominer la position; on l'attaqua de front avec une aveugle impétuosité. Pendant deux heures les Français se firent mitrailler et fusiller à bout portant, sans réussir à franchir un obstacle qui n'eût pu être renversé que par de gros canons; le chevalier de Belle-Isle, désespéré, alla mourir en plantant un drapeau sur le retranchement piémontais. Plus de cinq mille Français, morts ou blessés, jonchèrent ce fatal défilé.

On ne renouvela pas cette malheureuse tentative pour forcer les Alpes; mais on envoya au duc de Richelieu, à Gênes, des renforts qui portèrent à plus de quinze mille hommes le corps auxiliaire français, et les Franco-Génois reparurent au nord des Apennins, sur les derrières des armées austro-piémontaises. Il n'y eut plus dès lors d'événements importants dans cette guerre d'Italie. L'armée franco-espagnole prit ses quartiers d'hiver en Savoie, en Provence et en Languedoc. Le duc de Richelieu fortifia la Bocchetta et toute la rivière du Levant, où l'on pensait que les Autrichiens dirigeraient leur attaque l'année suivante. Revenons maintenant aux Pays-Bas, où se passaient les événements décisifs de cette guerre.

Au commencement de la campagne de 1747, le roi de France déclara la guerre à la Hollande, mais en mettant dans son manifeste les restrictions sui-

vantes. Il était dit dans ce document que, « pour
arrêter et prévenir les effets de la protection que les
états généraux accordaient aux troupes de la reine
de Hongrie et du roi d'Angleterre, le roi de France
se voyait obligé de faire entrer son armée sur le territoire de la république, *sans rompre avec elle;* que
ses troupes observeraient la plus rigoureuse discipline, et que les places et pays occupés seraient res-
titués aux Provinces-Unies, dès qu'elles auraient
donné la preuve qu'elles renonçaient à secourir les
ennemis de la couronne de France. »

Cent vingt mille combattants avaient été placés
sous les ordres de Maurice de Saxe. Le jour même
où parut la déclaration du roi (17 avril), le comte
de Lowendahl, avec un gros corps détaché de cette
armée, se jeta sur la Flandre hollandaise. L'Écluse,
Ysendick, le Sas-de-Gand, les forts de Philippine,
de la Perle et de Liefkenshoëk, Hults, Axel, Sand-
berg, toutes ces forteresses devant lesquelles s'étaient
brisées autrefois les armées d'Espagne, et qui avaient
arrêté Vauban lui-même, tombèrent en moins d'un
mois; délabrées, mal garnies (la plupart des troupes
de la république avaient été prises par les Français
dans les places des Pays-Bas autrichiens), elles ne
purent être secourues par la nombreuse armée des
alliés, qui s'était rassemblée dans le Brabant hollandais, mais que contenait le maréchal de Saxe. Seulement une escadre anglaise aida la flotte assez faible
des Provinces-Unies à prévenir un débarquement
des Français en Zélande.

La consternation se répandit dans toutes les Provinces-Unies à la vue de ces rapides conquêtes. On cria à la trahison; les partisans de la maison d'Orange profitèrent de la consternation générale pour accréditer ce bruit; le peuple se souleva aussitôt contre le parti républicain, et demanda le rétablissement de la constitution sous laquelle les Provinces-Unies avaient si longtemps prospéré. En peu de jours le prince de Nassau-Dietz, l'héritier du nom d'Orange, fut proclamé chef du gouvernement, sous le nom de Guillaume IV, et sous le titre de stathouder héréditaire, de capitaine général et d'amiral de l'Union.

Cette révolution, quelque contraire qu'elle fût aux intérêts de la France, arriva trop tard pour influer sur les opérations de la campagne. Le prince d'Orange, qui prit alors le commandement des troupes hollandaises, avait plus de vanité et de présomption que d'expérience et de capacité dans l'art de la guerre; et cependant il ne voulait point agir en second sous le duc de Cumberland, son beau-frère. En conséquence, sa présence et son intervention contrarièrent plus qu'elles n'avancèrent les opérations de l'armée combinée, et les Français gardèrent l'offensive, quoique les alliés leur fussent au moins égaux en nombre, grâce aux efforts et aux énormes dépenses de l'Angleterre.

Louis XV vint, au commencement de mai, rejoindre Maurice de Saxe, qu'il avait récemment créé maréchal général des armées françaises, titre porté autrefois par Turenne, puis par Villars, et de nos

jours par le maréchal Soult. Maître de tout le pays
à gauche de l'Escaut, Maurice songeait à attaquer la
grande place de la basse Meuse, Maëstricht; il fit
marcher l'armée dans cette direction. Les alliés,

Les soldats de Lowendahl emportèrent d'assaut Berg-op-Zoom.

commandés par le duc de Cumberland, se portèrent
sur Lawfeld, pour s'opposer à ce projet. Le maréchal de Saxe les y attaqua le 2 juillet. Lawfeld fut
emporté après six attaques très meurtrières, et les
autres villages occupés par les alliés furent évacués;

5*

mais Maurice n'atteignit pas son but, qui était de couper les communications des ennemis avec Maëstricht; les vigoureuses charges de la cavalerie anglohanovrienne, qui finit par être rompue et écrasée, avaient donné au duc de Cumberland le temps d'opérer sa retraite avec le gros de l'armée et de repasser la Meuse. Les ennemis avaient perdu neuf à dix mille hommes, tués, blessés ou pris, et les Français cinq à six mille. La victoire ne fut donc pas assez complète pour rendre possible le siège de Maëstricht. Maurice de Saxe s'en dédommagea en envoyant sur ses derrières Lowendahl assiéger Berg-op-Zoom. Cette place, chef-d'œuvre de Cohorn, qui commande l'embouchure orientale de l'Escaut, passait pour imprenable, et sa forte garnison avait des communications assurées par eau avec un gros corps accouru à l'aide. Ni la vigoureuse résistance d'un ennemi sans cesse ravitaillé, ni les maladies occasionnées par les exhalaisons pestilentielles des marais auxquelles étaient exposés les assiégeants, n'arrêtèrent l'ardeur des Français. Après soixante-cinq jours de tranchée ouverte, au moment où les assiégés regardaient encore cette entreprise comme une témérité, les soldats de Lowendahl emportèrent d'assaut Berg-op-Zoom.

Ce brillant fait d'armes déconcerta les alliés de l'impératrice-reine et découragea les Hollandais; cependant on résolut de faire un dernier effort et de défendre Maëstricht, qui était menacé par les Français. Le maréchal de Saxe, ayant rassemblé ses quar-

tiers, trompa les alliés par une manœuvre savante, qui leur laissa croire longtemps qu'il avait dessein d'assiéger Bréda et Luxembourg. Lorsqu'ils eurent divisé leurs troupes et dégarni les environs de Maëstricht pour couvrir les deux autres places, le maréchal se replia brusquement sur cette ville, qu'il investit sans pouvoir être inquiété par les alliés. Il poussa vivement les opérations, en vue de se rendre maître de la place avant l'arrivée de trente-sept mille Russes qui venaient au secours des alliés en conséquence d'un traité conclu entre la tzarine, l'Angleterre et l'impératrice-reine, au mois de juin 1747.

La marche rapide de ce siège donna enfin la paix à l'Europe, selon la prédiction du maréchal de Saxe, qui avait souvent répété : « La paix est dans Maëstricht. » Quinze jours après l'ouverture de la tranchée, les alliés, se voyant impuissants à conjurer l'orage, épuisés en outre d'hommes et d'argent, se décidèrent à répondre au vœu que la France avait manifesté, qu'il fût conclu une paix générale. Les préliminaires en furent signés entre la France, l'Angleterre et la Hollande. Ils portaient une suspension d'armes, la remise de Maëstricht par provision entre les mains des Français, et la réunion d'un congrès général à Aix-la-Chapelle. Les conventions arrêtées dans ces préliminaires furent exécutées immédiatement; le duc de Cumberland envoya ordre au commandant de Maëstricht d'ouvrir les portes de la ville au maréchal de Saxe, qui y entra le 7 mai. Peu après, l'impératrice-reine accéda aux préliminaires

convenus entre ses alliés et la France; en conséquence
le duc de Richelieu, qui avait en tête le comte de
Brown en Italie, fit cesser toutes les hostilités. Le
roi de Sardaigne, le roi d'Espagne et la république
de Gênes, suivirent l'exemple des autres puissances
belligérantes.

Le congrès s'ouvrit à Aix-la-Chapelle dans le mois
d'avril 1743, et dura jusqu'au 18 octobre, époque
à laquelle un traité de paix vint mettre fin à cette
guerre qui depuis huit ans ensanglantait l'Europe.

Voici l'analyse sommaire des principales clauses
de ce traité :

Toutes les conquêtes faites de part et d'autre pendant la guerre sont restituées.

L'impératrice-reine cède à l'infant don Philippe
Parme, Plaisance et Guastalla, pour lui et ses hoirs
mâles, avec la clause de reversibilité, au défaut de
postérité masculine, ou au cas que ce prince parvînt
au trône d'Espagne ou des Deux-Siciles.

Le duc de Modène était rétabli dans ses États, à
l'exception des villes ci-dessus nommées et cédées
à don Philippe.

Le duc de Savoie était maintenu dans les États
qui lui avaient été cédés par le traité de Worms.

Gênes devait rentrer dans les possessions dont elle
jouissait avant l'invasion des Autrichiens.

Les fortifications de Dunkerque devaient demeurer
dans l'état où elles étaient.

Le traité de la quadruple alliance pour l'ordre de
la succession au trône d'Angleterre était confirmé.

La possession de la Silésie et du comté de Glatz était garantie au roi de Prusse.

Enfin toutes les puissances stipulantes contractaient de nouveau l'engagement formel de maintenir la pragmatique sanction de Charles VI, cause première de cette guerre, à l'exception des cessions faites, soit par l'empereur Charles VI, soit par l'impératrice-reine Marie-Thérèse, et celles qui étaient stipulées par le présent traité.

Ainsi se termina cette lutte dont le commencement avait menacé l'existence même de la maison d'Autriche. La magnanimité et la fermeté de Marie-Thérèse, le zèle de ses sujets et l'appui de la Grande-Bretagne, l'amenèrent à triompher de ses nombreux ennemis, et à conclure une paix honorable qui, si elle lui faisait perdre quelques faibles portions de l'héritage de ses pères, lui garantissait d'une manière plus sûre la possession du reste. Elle avait, de plus, gagné en Europe une influence morale qui la rendait l'égale des plus grands souverains; et elle à qui l'on avait contesté, pour ainsi dire, jusqu'à son titre d'archiduchesse, était aujourd'hui reconnue par eux tous sous celui d'impératrice-reine.

Cependant cette princesse n'était pas satisfaite; elle regrettait amèrement les sacrifices auxquels elle avait été contrainte; elle accusait son allié, le roi d'Angleterre, de l'avoir forcée à des concessions qu'elle regardait comme très humiliantes. Lorsque l'ambassadeur britannique sollicita une audience pour la féliciter à l'occasion de la conclusion de la

paix d'Aix-la-Chapelle, elle lui fit dire que des compliments de condoléance seraient moins déplacés, et qu'il l'obligerait en lui épargnant un entretien qui ne pouvait être que très désagréable et pour elle et pour lui[1].

[1] William Coxe, *Hist. de la maison d'Autriche*, t. V, p. 177.

CHAPITRE VII

Marie-Thérèse s'occupe de réparer les malheurs de la guerre. — Rétablissement des finances. — Opinion de Frédéric II sur cette princesse.
— Elle s'occupe du rétablissement de la discipline et de l'instruction
de son armée. — Détails sur les instructions et améliorations faites à
cette époque par Marie-Thérèse. — Réformes administratives. — En-
couragements à l'industrie, au commerce, à l'agriculture et aux arts.
— Réforme dans l'étiquette de la cour. — Marie-Thérèse donne le titre
d'*Altesse royale* aux archiduchesses, et demande et obtient du pape le
titre de *Majesté apostolique*. — Coup d'œil sur les principaux ministres
de Marie-Thérèse. — Influence du référendaire Bartenstein. — Marie-
Thérèse se lasse de ce personnage et le remplace par le comte de Kaunitz. — Biographie et portrait de ce ministre.

Aussitôt après la paix, Marie-Thérèse s'occupa
avec activité de réparer les malheurs causés à ses
États par une si longue guerre. Le rétablissement
de ses finances et les changements que demandait
l'organisation de son armée, appelèrent tout d'abord
son attention. Écoutons à ce sujet un historien dont
le témoignage ne peut être soupçonné de partialité
pour cette princesse : « Elle était, dit le roi de
Prusse [1], dévorée d'ambition : elle voulait aller à la
gloire par tous les chemins ; elle mit dans ses
finances un ordre inconnu à ses ancêtres, et non

_____

[1] *Œuvres posthumes*, t. III, ch. I.

seulement répara par de bons arrangements ce qu'elle
avait perdu par les provinces cédées au roi de Prusse
et au roi de Sardaigne, mais même augmenta considérablement ses revenus. Le comte de Haugwitz
devint contrôleur général de ses finances. Sous son
administration, les revenus de l'impératrice-reine
montèrent à trente-six millions de florins. L'empereur Charles VI, son père, possesseur du royaume
de Naples, de la Servie, de la Silésie, n'en avait pas
autant. (Son revenu ne s'élevait qu'à trente millions
de florins.) L'impératrice avait senti dans les guerres
précédentes la nécessité d'une meilleure discipline ;
elle choisit des généraux actifs et capables de l'introduire dans ses troupes ; de vieux officiers peu propres
aux emplois qu'ils occupaient furent renvoyés avec
des pensions, et remplacés par des jeunes gens de
condition pleins d'ardeur et d'amour pour le métier
de la guerre. On formait toutes les années, dans les
provinces, des camps où les troupes étaient exer-
cées par des inspecteurs très versés dans les grandes
manœuvres de la guerre. L'impératrice se rendit elle-
même, à différentes reprises, dans les camps de
Prague et d'Olmutz, pour animer les troupes par sa
présence et par ses libéralités ; elle savait faire valoir
plus qu'aucun prince ces distinctions auxquelles on
attache tant de prix ; elle récompensait les officiers
qui lui étaient recommandés par ses généraux, exci-
tant partout l'émulation, les talents et le désir de lui
plaire. En même temps se formait une école d'artillerie sous la direction du prince de Lichtenstein

Vienne.

(Joseph-Wenceslas Laurent, mort en 1772); il porta ce corps à six bataillons, et l'usage des canons à cet abus inouï auquel il est parvenu de nos jours; par zèle pour l'impératrice, il dépensa pour cet objet au delà de cent mille écus de son propre bien. Enfin, pour ne rien négliger de ce qui pouvait avoir rapport au militaire, l'impératrice fonda près de Vienne un collège où la jeune noblesse était instruite dans tous les arts qui ont rapport à la guerre; elle attira d'habiles professeurs de géométrie, de fortifications et d'histoire, qui formèrent des sujets capables, ce qui devint une pépinière d'officiers pour son armée. Par tous ces soins, le militaire acquit dans ce pays un degré de perfection où il n'était jamais parvenu sous les empereurs de la maison d'Autriche, et une femme exécuta des desseins dignes d'un grand homme. »

Nous allons entrer dans quelques détails sur les institutions et améliorations signalées par le royal historien.

Le collège pour la jeune noblesse dont parle Frédéric II est celui de *Theresianum*, académie militaire que Marie-Thérèse fonda en 1746. Une autre académie militaire fut fondée par elle en 1752, à Vienne-la-Neuve-Ville (*Wienerisch-Neustadt*); un observatoire et une institution pour l'éducation de la noblesse furent établis à Tyrnau, en 1753. L'académie orientale de Vienne pour l'instruction de *douze jeunes de langues* est de 1754 : on sait combien la philologie et l'histoire doivent à cet établissement.

Les finances furent administrées selon un nouveau système; l'anticipation des revenus par des assignations cessa; les taxes extraordinaires furent maintenues pour un certain nombre d'années; plusieurs exemptions furent annulées, et l'on rendit la perception plus régulière et plus simple. Tels sont les *bons arrangements* financiers dont parle le roi de Prusse, et qui augmentèrent les revenus de Marie-Thérèse au point de lui permettre d'affecter des fonds suffisants à l'entretien d'une armée de cent huit mille hommes, non compris les troupes qui étaient en Italie et dans les Pays-Bas. Les corps de cette armée ne furent plus répartis uniquement dans la Hongrie, d'où l'on ne pouvait les tirer sans perdre beaucoup de temps. Jusque-là la manière d'exercer les troupes n'avait point été la même pour tous les régiments, ce qui occasionnait beaucoup de confusion un jour de combat. Un système général fut combiné sous la direction du comte Daun, qui avait servi avec beaucoup de distinction l'année précédente, et qui fut le général que la cour de Vienne opposa le plus souvent dans la suite à Frédéric II.

De grands abus s'étaient glissés dans l'administration de la justice, qui était remise aux mêmes tribunaux que la police. On les sépara. On abolit les chancelleries provinciales, et l'on institua un tribunal suprême qui jugea en dernier ressort toutes les causes des États autrichiens, excepté celles de la Hongrie, royaume où le souverain ne pouvait faire aucun changement que du consentement de la diète.

La direction générale des finances, de la police et de tout ce qui concernait l'administration fut attribuée à un autre grand conseil, dont le président fut chargé de faire toutes les semaines un rapport à l'impératrice.

En même temps que Marie-Thérèse s'occupait de ces réformes administratives, le commerce et l'industrie excitaient vivement sa sollicitude. Les manufactures étaient dans un triste état; celles de draps, de toiles, de lainages, étaient obligées de faire venir de l'étranger les matières premières dont elles avaient besoin, non parce que le pays n'en produisait pas, mais parce qu'il manquait de fileurs. Le premier soin de l'impératrice-reine fut d'établir dans les villes et à la campagne des écoles de filature, où les enfants étaient instruits dans l'art de filer et gagnaient un petit salaire, indépendamment des prix qui étaient distribués tous les mois aux plus laborieux. On fit venir des ouvriers de France, de Hollande, de Suisse, de Saxe et d'autres pays, et l'on chargea l'exportation des matières premières d'un droit considérable qu'on haussa successivement, jusqu'à ce qu'enfin il équivalût à une prohibition. En 1742, l'impératrice créa le conseil aulique de commerce, immédiatement soumis au gouvernement; et elle y joignit une caisse particulière à laquelle elle assigna des revenus considérables. Tous ceux qui voulaient faire quelque entreprise pouvaient recevoir des avances de dix à cent mille florins, pourvu qu'ils pussent fournir une garantie probable de remboursement. Douze ou treize

conseils de commerce provinciaux, établis à Vienne, Lintz, Inspruck, Fribourg, Brünn, Prague, Troppau, Gratz, Klagenfurth, Laybach, Gortz, Temeswar et en Transylvanie, furent subordonnés à ce conseil général, et à chacun d'eux fut assignée une caisse particulière.

Pour le perfectionnement de l'agriculture et pour l'encouragement de la production des matières premières dont l'industrie a besoin, il fut établi, dans onze chefs-lieux, des sociétés d'agriculture chargées de distribuer des prix considérables. Par ce moyen la culture de la garance et de la gaude fut introduite et poussée au point que ces produits devinrent bientôt un objet d'exportation. On éleva des vers à soie en grand nombre en Croatie, en Dalmatie, en Istrie, Frioul et Tyrol. On fit venir des béliers de la Barbarie et de l'Anatolie pour améliorer la race ovine.

En même temps les ports de Trieste et de Fiume étaient ouverts à toutes les nations; Ostende recevait des navires chargés des provisions de la Hongrie; des canaux ouverts dans les Pays-Bas apportaient jusque dans le sein des villes les richesses des deux Indes. Les grandes routes y disputèrent bientôt de beauté avec celles de la France. Vienne fut agrandie et embellie; des manufactures de draps, de glaces, de porcelaine, d'étoffes de soie, s'établirent dans les faubourgs. Les sciences eurent à se féliciter de la fondation de plusieurs universités et collèges; la reconnaissance donna à l'un d'eux, qui n'est point déchu de sa célébrité, le nom de sa fondatrice (col-

legium Theresianum). Le dessin, la peinture, l'architecture, obtinrent des écoles spéciales; Prague et Inspruck, des bibliothèques publiques. Des observatoires enrichis d'instruments précieux s'élevèrent à Vienne, à Gratz, à Tyrnau; van Swieten fut appelé pour régénérer l'étude de la médecine et de la chirurgie; Métastase transporta les muses italiennes sur les bords du Danube.

Marie-Thérèse créa diverses sociétés de commerce pour les branches particulières du négoce, telles que la société de Fiume pour les raffineries de sucre, celle des toiles de la Bohême et celle de l'Égypte, dont le principal comptoir était Smyrne. Par tous ces moyens et d'autres qu'il serait trop long d'énumérer, Marie-Thérèse est devenue la créatrice du commerce, de l'industrie et du bien-être de ses sujets. Sans doute un grand nombre de ses règlements n'étaient que transitoires, et ils furent supprimés, changés ou modifiés dans les dix dernières années de son règne et sous celui de son fils; mais c'est parce qu'ayant produit l'effet qu'on avait en vue, leur utilité cessait, ou que les changements occasionnés par telle ou telle circonstance exigeaient des mesures nouvelles ou des modifications aux mesures anciennes. Mais la gloire de Marie-Thérèse n'en est pas moins restée intacte, et les Autrichiens n'ont jamais cessé de bénir sa mémoire.

Au milieu de ces réformes, Marie-Thérèse, sur les sollicitations de son époux, en introduisit une importante dans les usages de la cour. Jusqu'à cette

époque la cour de Vienne avait passé pour la plus
magnifique et la plus fastueuse de l'Europe. Nulle
part on n'observait avec plus de rigueur, plus de
scrupule, les règles de l'étiquette. Ces anciens usages
fatiguaient tout le monde et ennuyaient surtout l'empereur et l'impératrice-reine, dont l'affabilité cherchait à rompre ces chaînes, qui n'étaient point de
leur goût. On n'osait cependant y toucher, et l'étiquette était comme une ancienne idole, que l'on
révère en se gênant beaucoup, par l'habitude et sans
savoir pourquoi. Enfin, au commencement de l'année 1751, l'empereur et l'impératrice accomplirent
le projet qu'ils avaient formé depuis longtemps de se
soustraire à cette gêne accablante. Il fut décidé que
l'étiquette ne subsisterait désormais que pour les
cérémonies d'apparat, et que hors de là ils vivraient
comme de simples particuliers au milieu de leurs
égaux. Dès lors ils admirent à leur table, plusieurs
fois par semaine, sans distinction de naissance,
toutes les personnes de l'un et de l'autre sexe recom-
mandées par leur mérite, et ils accueillirent avec
une affabilité véritablement populaire quiconque avait
à leur parler. Cet accueil avait encore quelque chose
de plus prévenant pour l'homme obscur que pour le
grand, pour le pauvre que pour le riche.

Mais, tout en s'affranchissant des entraves de
l'étiquette, Marie-Thérèse ne négligeait rien de ce
qui pouvait contribuer au luxe de sa maison.
En 1755, elle attribua le titre d'*Altesses royales* aux
archiduchesses ses filles, que jusqu'alors on n'avait

qualifiées que de Sérénissimes ; elle demanda au pape le renouvellement du titre de *Majesté aposto-lique,* que les anciens rois de Hongrie avaient porté, disait-on, et le pape Clément XIII sanctionna ce titre par une bulle du 25 août 1758.

C'est ici le lieu de jeter un coup d'œil sur les personnes qui assistèrent l'impératrice-reine dans le gouvernement de ses États. Nous ne nommerons pas son époux, l'empereur François, qui, malgré son titre de corégent, n'exerçait pas la moindre influence sur le gouvernement des États héréditaires. Elle avait conservé d'abord les ministres de son père, Zinzendorff, Staremberg, les deux Harrach, et Kœnigseck, brave militaire, mais nul au cabinet, dont les travaux lui répugnaient. Staremberg fut atteint d'une espèce d'aliénation mentale qui le fit éloigner des affaires ; les deux Harrach ne parvinrent jamais à obtenir la moindre influence, et Zinzendorff mourut en 1742. A côté de ces hommes, le référendaire Bartenstein sut gagner la confiance de la jeune reine par d'adroites flatteries, mais plus encore par la facilité de son travail, par la manière claire et élégante, quoique prolixe, avec laquelle il s'énonçait, par son attachement pour la gloire de la maison d'Autriche, qui, quoique mêlé d'ostentation, n'en était pas moins vrai.

A la mort de Zinzendorff, l'opinion publique désignait pour la place de chancelier le comte de Harrach, ministre des affaires étrangères ; mais Bartenstein la fit donner au comte de Ulefeld, homme de bien,

mais de peu de moyens. Son jugement était faux,
ses idées manquaient de netteté, et il ne les expri-
mait qu'avec difficulté. Esprit borné, il était mysté-
rieux, difficultueux et soupçonneux. Le dérangement
de sa fortune, suite de son faste et de son ostentation, ôtait à son caractère toute indépendance; impérieux envers tout le monde, il se montrait soumis
et humble envers Bartenstein.

Les comtes de Khevenhuller, Colloredo et Bathiany
étaient membres du conseil, mais sans influence. Le
premier, dépourvu de moyens, était le serviteur de
Bartenstein. Le comte (ensuite prince) de Colloredo,
homme d'honneur, franc et fier, formait une opposition ouverte mais impuissante contre le référendaire;
ministre de l'empereur comme vice-chancelier de
l'empire, il n'inspirait aucune confiance à Marie-
Thérèse. Le feld-maréchal Bathiany, gouverneur du
jeune archiduc Joseph, ne se mêlait pas de politique.

Marie-Thérèse n'était pas facile à gouverner; le
sentiment de son inexpérience des affaires, surtout
pendant les premières années de son règne, l'engageait à consulter beaucoup; mais elle examinait
elle-même, tâchait de s'instruire et de rectifier son
jugement, et ensuite décidait.

Cependant Marie-Thérèse se lassa à la fin de la
présomption de Bartenstein et du ton tranchant
qu'il avait pris; elle résolut de charger du soin des
affaires un homme à qui la naissance réunie à la
probité et à des talents donnât cette autorité qu'un

parvenu sait si rarement prendre sans tomber dans l'extrême. Elle crut avoir trouvé cet homme dans son ambassadeur à Versailles. Nous allons parler d'un des ministres les plus célèbres du xviiie siècle, de celui qui pendant quarante ans dirigea la politique de la maison d'Autriche, et qui, en quittant la terre, sembla avoir légué son esprit à son neveu [1].

Antoine Wenceslas, comte et (depuis 1764) prince de Kaunitz, d'une ancienne famille de la Moravie, fils de l'héritière de Rietberg, comté immédiat de l'empire, était né en 1711. Il fut destiné d'abord comme cadet à l'état ecclésiastique, et reçut une éducation solide et littéraire. La mort de son frère aîné l'appela à une autre vocation, et il devint chambellan de l'empereur Charles VI. Il entra de bonne heure dans la carrière diplomatique, et s'acquitta de plusieurs missions d'une façon remarquable. La première dépêche qu'il envoya, ayant été nommé ambassadeur à Turin, frappa tellement l'honnête Ulefeld, qu'en la remettant à Marie-Thérèse il lui dit : « Voici ce qui vient de votre premier conseiller ! » En 1744, il fut envoyé à Bruxelles comme ministre plénipotentiaire auprès du duc Charles de Lorraine, gouverneur des Pays-Bas; quatre ans après, il déploya ses talents comme ambassadeur au congrès d'Aix-la-Chapelle.

---

[1] C'est-à-dire l'époux de sa nièce, le prince de Metternich. Clément Wenceslas de Metternich, destiné de bonne heure à la carrière diplomatique, que son père avait déjà honorablement parcourue, y développa des talents qui le firent remarquer du prince de Kaunitz comme un jeune homme de la plus grande espérance. Kaunitz lui donna sa nièce en mariage, alliance qui assura sa fortune diplomatique.

Après son retour à Vienne, il fut le conseil secret de l'impératrice-reine et de son époux, et corrigea plus d'une fois les instructions que Bartenstein adressait aux envoyés, sans que ce ministre tout-puissant, quoique simple référendaire, s'en doutât. Au mois de septembre 1751, il fut envoyé comme ambassadeur à Paris à la place du marquis de Stainville. Pendant cette mission, il prépara et même posa les bases d'une alliance entre la France et l'Autriche, alliance qui paraissait impossible et qui même était réputée monstrueuse. C'est donc à tort que le fameux traité de 1756 a été considéré comme l'ouvrage du cardinal de Bernis, qui n'y eut d'autre part que d'y attacher son nom en qualité de ministre des affaires étrangères. Cette délicate négociation, qui enlevait au roi de Prusse l'appui de la France, son alliée naturelle, et qui livrait au ressentiment de Marie-Thérèse le plus redoutable de ses ennemis, ne pouvait manquer d'inspirer à cette princesse la plus grande confiance dans l'habile diplomate qui avait eu le talent d'obtenir un pareil résultat. Aussi l'impératrice-reine, de plus en plus mécontente de Bartenstein, rappela Kaunitz en 1753, et le nomma chancelier des affaires étrangères et premier ministre d'État pour les affaires intérieures. On paya les dettes d'Ulefeld, qui fut nommé grand maître des cérémonies ; Bartenstein eut la charge de vice-chancelier de Bohême et le titre de conseiller intime.

Le comte de Kaunitz était âgé de quarante-deux ans lorsqu'il fut appelé à prendre la direction su-

prême des affaires. Il était d'une taille haute et déliée,
mais assez bien prise. Sa physionomie n'était point
animée, quoiqu'elle annonçât beaucoup de sang et
de sagacité; ses traits étaient réguliers, et son regard vif et pénétrant. Ce ministre, que Frédéric II
dépeint avec raison comme un homme « si frivole
dans ses goûts, si profond dans les affaires », était
recherché dans ses vêtements, et avait une politesse
affectée et froide. Sa résidence à Paris lui avait fait
contracter la galanterie de la nation française. Il joignait des airs de petit-maître au flegme germanique
et n'était pas moins vain de sa personne que de ses
talents, qui étaient réellement supérieurs. Il avait
une connaissance exacte et profonde de la situation
politique de l'Europe, et un zèle infatigable pour le
service de sa souveraine. Il était négociateur habile,
et savait présenter avec clarté les affaires les plus
compliquées. Doué d'une intégrité parfaite, ses secrets étaient impénétrables, et son air de franchise
lui gagnait la confiance de ceux qui négociaient avec
lui, même lorsqu'il les trompait ou qu'il leur était
contraire. Mais son amour-propre était excessif, et
la supériorité de ses talents et de son crédit le rendait vain, opiniâtre et impérieux[1].

[1] William Coxe, *Hist. de la maison d'Autriche*, t. V, pp. 191 et 192.

CHAPITRE VIII

A peine les nations commençaient-elles à se remettre des maux de la longue et violente guerre terminée par les traités d'Aix-la-Chapelle, que deux nouvelles guerres éclatèrent, l'une dans les mers qui séparent les deux hémisphères, et l'autre dans le

sein de l'Allemagne. La jalousie que la renaissance de la marine française inspirait à l'Angleterre fut la cause de la première; deux provinces désertes de l'Amérique en furent le prétexte. L'accroissement de puissance de la maison de Brandebourg, et le désir qu'avait l'Autriche d'abaisser cette puissance, firent éclater l'autre guerre. Les alliances compliquées sur lesquelles reposaient les systèmes politiques des divers États confondirent bientôt deux querelles dont les objets n'avaient rien de commun. Les armées de l'Europe entière se rencontrèrent en Allemagne, et le sort du Canada fut décidé dans les plaines de la Saxe. Ce ne fut qu'après sept années de carnage que chaque puissance, fixant de nouveau le but qu'elle s'était originairement proposé, et qui depuis longtemps s'était dérobé à sa vue, s'aperçut que tout ce sang avait été versé inutilement.

Deux traités, négociés à la fois à une grande distance l'un de l'autre, rendirent la paix à l'Europe, en remettant les choses sur le pied où elles avaient été dans cette partie du monde avant la guerre.

Il ne saurait entrer dans notre plan de raconter dans tous ses détails cette guerre fameuse connue sous le nom de *guerre de Sept ans;* nous n'aurons à nous occuper d'une manière particulière que de la part que l'Autriche y prit avec ses alliés.

La paix d'Aix-la-Chapelle, en arrachant les armes des mains des Français et des Anglais, n'avait pu détruire la rivalité qui divisait ces nations. La France avait eu une supériorité marquée sur terre;

la Grande-Bretagne s'en consolait parce qu'elle avait
ruiné la marine de sa rivale ; mais lorsqu'elle vit
l'activité extraordinaire avec laquelle, après la paix,
le cabinet de Versailles travailla à la rétablir, elle
commença à craindre que le sceptre de l'Océan ne
vînt à lui échapper. Quelques difficultés soulevées
sur l'interprétation de deux articles du traité d'Aix-
la-Chapelle relatifs aux colonies d'Amérique suffirent
aux Anglais pour commencer les hostilités sur mer
dès le mois de juin 1755, et sans déclaration de
guerre ; usage barbare, dont le cabinet de Londres
s'est plus d'une fois rendu coupable.

La guerre, ainsi commencée en Amérique, s'étendit
bientôt dans les autres parties du monde, et embrassa
une grande partie de l'Europe.

Il était de la politique de l'Angleterre d'occuper
les Français sur le continent de l'Europe par une
puissante diversion, qui, les empêchant de faire de
grands efforts par mer, facilitât à leur ennemi la conquête des colonies françaises. Il était de celle de la
France d'éviter la guerre continentale, qui ne lui
offrait que peu d'occasions de faire du mal à la Grande-
Bretagne ; elle devait se borner à des opérations na-
vales. Mais le ministre français succomba à l'appât
que lui présentait la conquête du Hanovre ; il se
décida imprudemment à une guerre de terre, qui
bientôt l'entraîna plus loin que peut-être il ne le
croyait d'abord, et absorba toutes les forces de la
France.

Le roi d'Angleterre songea de son côté à mettre

son électorat à l'abri d'une invasion, en renforçant l'armée qui l'occupait, et en concluant des alliances qui devaient le protéger. En conséquence, il conclut des traités particuliers avec le landgrave de Hesse-Cassel et avec le cabinet de Saint-Pétersbourg ; en même temps il demandait à l'impératrice-reine les troupes auxiliaires que, comme allié et garant de la pragmatique sanction, il était en droit d'exiger d'elle.

Nous avons déjà dit, à l'occasion du traité d'Aix-la-Chapelle, qu'un refroidissement s'était manifesté entre les cours de Londres et de Vienne. Marie-Thérèse, qui s'était flattée de recueillir sans partage toute la succession de Charles VI, ne pouvait pas se consoler de la perte de la Silésie, ni pardonner à l'Angleterre de l'avoir engagée à faire ce sacrifice. Le ton que le cabinet anglais avait pris à Aix-la-Chapelle et dans les négociations qui avaient eu lieu postérieurement avait blessé sa fierté ; mais elle était indignée surtout de la manière peu délicate dont la générosité des Anglais envers l'héritière de Charles VI était exaltée dans les discussions du parlement d'Angleterre et dans les feuilles publiques qui paraissaient à Londres. Les dispositions de l'impératrice-reine étaient entretenues par son ministre Kaunitz, qui, dans l'espoir d'écraser la Prusse, travaillait à rompre l'alliance de Frédéric II avec la France, pour la remplacer par un accord entre les maisons d'Autriche et de Bourbon. Dans un mémoire qu'il nomma *ultimatum*, et qu'il remit au ministre de la Grande-Bretagne en réponse à la demande que celui-ci lui avait

6*

adressée, l'impératrice-reine déclarait que, menacée d'une invasion par son implacable ennemi le roi de Prusse, elle ne pouvait pas exposer le centre de sa monarchie en dégarnissant la Bohême, et qu'elle pourrait tout au plus compléter le contingent de vingt-cinq mille hommes dans les Pays-Bas. Elle proposait donc aux puissances maritimes la défense principale de ses provinces, et elle joignait un plan d'opérations combinées contre la France. Après un échange de notes qu'il serait fastidieux de reproduire, l'Angleterre adressa à la cour de Vienne les questions suivantes, en exigeant une réponse catégorique : « Si « la France ou un allié de la France attaque l'élec-« torat de Hanovre, l'impératrice-reine est-elle dé-« terminée à y envoyer des secours? Quel nombre « de troupes enverra-t-elle, et dans quel temps? »

Pour toute réponse, Kaunitz dit froidement : « Nous ne pouvons que nous en référer à nos der-« nières notes et à l'*ultimatum* qui a déjà été remis « à M. Keith (ambassadeur d'Angleterre à Vienne). » Le roi Georges, après cette réponse, déclara qu'il ne voulait pas entrer dans une guerre de plume avec la maison d'Autriche; et, n'attendant du côté de l'impératrice aucun secours effectif, il se tourna du côté de la Prusse, dont les liaisons avec la France, contractées par le traité de Versailles, étaient sur le point d'expirer, et que le ministère français ne paraissait pas disposé à renouveler. Frédéric II accueillit les propositions du roi Georges, et ces deux monarques conclurent une convention dont l'objet était

d'empêcher que les troupes étrangères n'entrassent en Allemagne. Par un article secret, les Pays-Bas autrichiens furent déclarés n'être pas compris dans cette convention.

Marie-Thérèse et le comte de Kaunitz furent enchantés de la conclusion de ce traité, qui facilitait leur projet d'alliance avec la France. En effet, dès que l'on connut à Versailles les liaisons que Frédéric II venait de contracter avec Georges II, Mme de Pompadour, flattée par une lettre que lui avait adressée la fière Marie-Thérèse, décida le roi à consentir à l'alliance destinée à unir les deux anciennes rivales, les maisons de Bourbon et de Lorraine.

Toute cette négociation avait été conduite à l'insu de l'empereur François, sous les auspices de Marie-Thérèse, par le prince de Kaunitz avec le ministre de France à Vienne, le vicomte de Lussan, et à Paris par le comte de Staremberg, ministre d'Autriche. Lorsque la conclusion approcha, il devint nécessaire de communiquer au conseil d'État autrichien le plan de l'alliance. Kaunitz le fit en présence de l'empereur François et de Marie-Thérèse. Celle-ci, ne voulant pas heurter les préjugés de son époux, feignit de tout ignorer, et eut l'air d'écouter une proposition inattendue avec toute l'attention qu'elle méritait. Les ministres ne cachèrent pas leur désapprobation ; l'empereur, sans attendre la fin de la lecture, se leva dans une agitation extrême, frappa violemment le bureau en s'écriant : « Une telle alliance est contre nature, elle n'aura point lieu ; »

puis il sortit de la salle. Kaunitz alors parut hésiter; mais, rassuré par l'impératrice, il développa avec son éloquence habituelle les avantages de la proposition. Marie-Thérèse affecta de redoubler d'attention, et finit par donner son approbation d'un ton si décisif, que les autres membres du conseil gardèrent le silence. Marie-Thérèse obtint avec plus de difficulté le consentement de François, et le ministre qui avait si habilement défendu la mesure fut chargé de mener à fin la négociation.

En conséquence, deux traités furent signés à Versailles le même jour, le 1er mai 1756.

Le premier, sous le titre de *Convention de neutralité*, stipule que l'impératrice-reine gardera une parfaite neutralité dans la guerre qui vient de s'élever entre la France et l'Angleterre; et le roi de France promet de n'attaquer ni envahir les Pays-Bas ou autres États de l'impératrice-reine.

Le second traité, sous le titre de *Traité d'alliance*, confirme la paix de Westphalie et les traités subséquents, et établit une garantie mutuelle des États des deux puissances situés en Europe, avec promesse d'un secours de vingt-quatre mille hommes, en cas que l'une ou l'autre partie contractante fût attaquée. On se réserva d'inviter de concert d'autres puissances à accéder au traité.

L'impératrice de Russie fut la première qui accéda au traité de Versailles, par un acte signé à Pétersbourg, le 31 décembre 1756. Peu de jours après, les deux cours impériales de Vienne et de Saint-Péters-

bourg conclurent une alliance contre le roi de Prusse ; ce traité demeura secret jusqu'en 1760. Le roi de Pologne, électeur de Saxe, entra aussi à la même époque dans la coalition.

Tels furent les premiers effets de cette alliance de l'Autriche et de la France, qui a changé le système de l'Europe, et influé fortement sur les destinées de la maison d'Autriche.

Frédéric II, instruit par l'infidélité d'un commis de la chancellerie de Dresde que le roi de Pologne, Auguste III, était d'accord avec les cours de Vienne et de Saint-Pétersbourg, envahit la Saxe sans déclaration de guerre et sans s'inquiéter de la rumeur qu'exciterait en Europe une agression aussi soudaine. Son armée, qui était de soixante mille hommes, marcha sur trois colonnes : la première, commandée par le prince Ferdinand de Brunswick, se dirigea par Halle, Leipsick, Freyberg et Dippoldiswald ; la seconde, avec laquelle était le roi lui-même, entra par Pretsch, Torgau et Dresde ; le prince de Brunswick-Bevern conduisit la troisième par la Lusace. Une autre armée d'observation, sous les ordres du feld-maréchal Schwérin, entra en Bohême par Kœnigsgratz ; elle devait empêcher les Autrichiens de secourir la Saxe.

L'électeur-roi, Auguste III, réunit toute son armée, forte de dix-sept mille hommes, dans le camp retranché de Pyrna, entre Dresde et la frontière de Bohême. Ce camp était une sorte de forteresse naturelle de cinquante kilomètres de tour, environné

par l'Elbe, par des chaînes de rochers et des ravins
marécageux. Frédéric, maître de Dresde sans coup
férir, fit bloquer le camp de Pyrna par quarante mille
hommes, et avec le reste de ses troupes marcha en
Bohême au-devant du feld-maréchal de Brown, qui
s'avançait à la tête du principal corps d'armée autrichien pour dégager les Saxons; un autre corps autrichien faisait face à Schwérin. Frédéric attaqua de
Brown, le 1er octobre, près de Lowositz. La bataille
ne fut point décisive; mais les Prussiens restèrent
maîtres du champ de bataille, et le comte de Brown,
forcé de repasser l'Eger, ne put parvenir à dégager
les Saxons. Cependant il pénétra en Saxe par la
rive droite de l'Elbe, avec un fort détachement; les
Saxons sortirent alors du camp de Pyrna, et tâ-
chèrent de se frayer un passage jusqu'aux Autrichiens; mais arrivés sur la droite de l'Elbe, au pied
de Lichtenstein, ils se trouvèrent tout aussi resserrés
entre les troupes du roi et un terrain très défavorable.
Exténués de faim, de fatigue et de froid, ils furent
obligés de capituler, le 17 octobre, et de se rendre
prisonniers de guerre. Le nombre était réduit à
quatorze mille hommes. Les officiers s'engagèrent
sur l'honneur à ne plus servir contre le roi de Prusse
durant cette guerre, et les soldats furent incorporés
dans les régiments prussiens. On donna au roi de
Pologne, Auguste III, des passeports pour se rendre
dans son royaume. Le roi de Prusse se vit alors
maître de la Saxe entière; il prit ses quartiers d'hiver sur les confins de la Saxe et de la Bohême, et

le maréchal de Schwérin se retira dans la Silésie.

L'irruption du roi de Prusse dans la Saxe, la bataille de Lowositz et la capitulation de Pyrna n'é-
taient, pour ainsi dire, que le prélude de la grande
guerre qui allait embraser l'Europe.

La Prusse et l'Autriche employèrent l'hiver en
préparatifs pour la campagne prochaine. Le roi Frédéric II, après avoir publié une justification de sa
conduite, resserra les liens de son alliance avec la
Grande-Bretagne, et conclut avec cette puissance, le
11 janvier 1757, une convention opposée à l'alliance
de Versailles du 1ᵉʳ mai 1756.

L'impératrice-reine, profondément affectée du
malheur de son allié l'électeur de Saxe et indignée
de la conduite de Frédéric II, ordonna les plus
grands préparatifs pour la campagne suivante. Elle
s'efforça aussi d'étendre la confédération contre la
Prusse, et elle y réussit d'autant plus facilement,
que l'invasion de la Saxe avait soulevé l'indignation
générale de l'Europe contre Frédéric II. La France
déclara qu'elle regardait cet événement comme une
violation de la paix de Westphalie, dont elle était
garante, et de simple auxiliaire elle devint partie
principale. Dès le commencement de l'année, le roi
de France prit de nouveaux engagements envers
l'impératrice-reine, promettant de payer à Marie-
Thérèse un subside de douze millions de florins
d'empire, de prendre à sa solde dix mille Bavarois
et Wurtembergeois, qu'il laisserait à la disposition
de l'Autriche, et de mettre lui-même en campagne

une armée de plus de cent mille hommes. La Russie et la Suède entrèrent également dans la coalition contre la Prusse, et firent chacune marcher une armée. L'empereur dénonça à la diète germanique l'invasion de la Saxe et de la Bohême comme une violation de la paix publique : crime qui devait être, selon lui, puni par la confiscation des fiefs et dignités de celui qui l'avait commise. Ce projet ne fut pas adopté, parce qu'on en fit une affaire de religion ; mais la diète résolut, le 17 janvier 1757, de lever contre Frédéric II une armée qu'on nomma d'*exécution* pour la défense de la Saxe ; son commandement fut confié au prince Joseph de Saxe-Hildburghausen.

Au printemps de l'année 1757, la grande confédération formée contre le roi de Prusse se disposait à agir. Cent mille Français étaient réunis sur le Rhin, et formaient trois corps d'armée commandés en chef par le maréchal d'Estrées. L'armée d'exécution se rassemblait en Allemagne ; vingt mille Suédois se préparaient à descendre dans la Poméranie, et cent mille Russes, commandés par le feld-maréchal Apraxine, postés sur les frontières de la Livonie, n'attendaient qu'un signal pour fondre sur le royaume de Prusse. L'impératrice-reine avait porté son armée à cent cinquante mille hommes, divisés en deux corps. Le corps principal était cantonné dans les environs de Prague, et commandé par le prince Charles, assisté des conseils du feld-maréchal de Brown. L'autre corps était sous le commandement du comte de Daun.

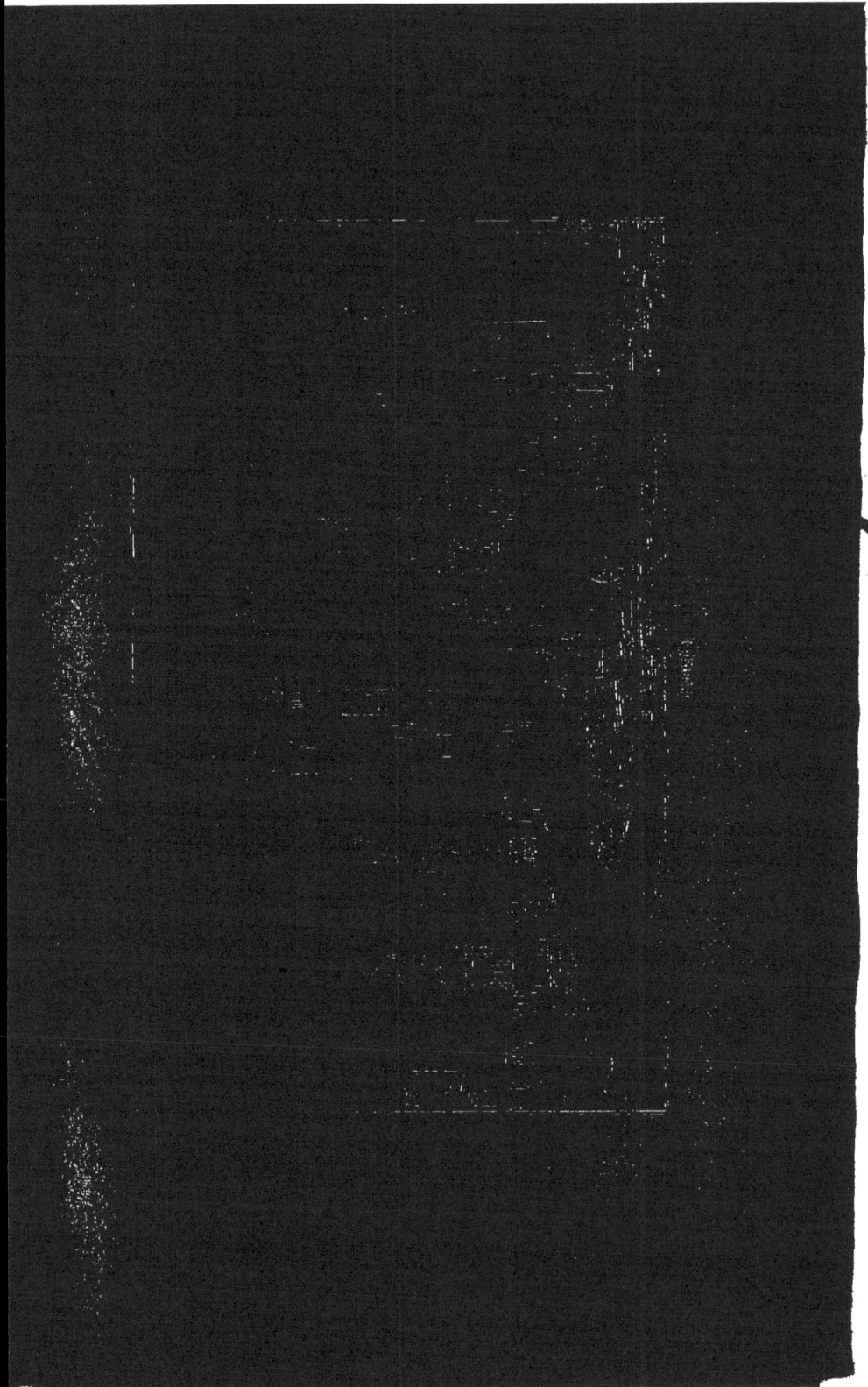

Frédéric II avait trop de prévoyance et d'activité pour demeurer dans l'inaction tandis que ses ennemis réunissaient ainsi leurs forces. Il résolut donc de commencer de bonne heure la campagne, et de frapper quelque grand coup avant que l'armée autrichienne eût été renforcée par ses alliés. Au mois d'avril il entra en Bohême avec cinq corps d'armée, savoir : lui-même, par Peterwald et Aussin; Schwérin, venant de la Silésie, par Trentenau et Nachod ; le duc de Brunswick-Bevern, par Ziltau et Rechemberg ; Maurice, prince d'Anhalt-Dessau, par Commoteau ; le prince Henri, frère du roi, par Neutadtel. Ces divers corps se réunirent en se dirigeant vers Prague, et repoussèrent les avant-postes autrichiens qu'ils rencontrèrent sur leur route. En arrivant vers cette capitale, le roi de Prusse divisa son armée en deux corps ; il donna le commandement de l'un au maréchal Schwérin, qui prit position à Jung-Bunzlau; l'autre corps, dont Frédéric garda le commandement lui-même, occupa les hauteurs situées entre la Mulde et le Weisseberg.

Les Autrichiens, s'attendant à être joints par le feld-maréchal Daun, qui accourait de la Moravie, demeurèrent sur la défensive, dans une bonne position qu'ils occupaient. Mais le roi, voulant prévenir cette jonction, attaqua à l'improviste, le 6 mai, avec soixante-quatre mille hommes, l'armée autrichienne forte d'environ soixante-dix mille. La bataille de Prague, qui fait époque dans les annales militaires, dura depuis neuf heures du matin jusqu'à huit heures

du soir. La perte fut prodigieuse de part et d'autre ;
celle des Autrichiens monta à vingt-quatre mille
hommes ; celle des Prussiens, à dix-huit mille. La
victoire demeura aux Prussiens, qui s'emparèrent
du camp, de la caisse militaire autrichienne et de
soixante canons. Deux généraux distingués, appar-
tenant l'un à l'armée prussienne, l'autre à l'armée
autrichienne, furent tués dans cette bataille. Le premier était le feld-maréchal Schwérin, dont la perte,
disait le roi de Prusse, équivalait pour lui à celle
de dix mille hommes ; le second, le feld-maréchal
de Brown, dont la mort contribua à la perte de la
bataille. Le prince Ferdinand de Brunswick eut une
grande part à cette victoire, par un mouvement qu'il
fit sur le flanc et sur les derrières des ennemis. Il
est probable que l'armée autrichienne aurait été
presque entièrement détruite si le prince Maurice
de Dessau avait pu achever le pont qu'il faisait con-
struire à Bronik, pour passer la Mulde et couper la
retraite de l'ennemi.

Après cette victoire, le roi de Prusse investit
Prague, où le prince Charles de Lorraine s'était jeté
avec quarante mille hommes. Il en forma le blocus,
espérant réduire facilement une ville de quatre-vingt
mille habitants et une armée de cinquante mille
hommes, manquant presque de vivres. Le courage
des troupes et des habitants fut soutenu par une
lettre de Marie-Thérèse, qu'un officier de grenadiers
qui échappa à la vigilance des assiégeants apporta
dans la place. « Je ressens une vive douleur, » disait

l'impératrice-reine, « de savoir tant de généraux et
« un si grand nombre de troupes assiégés dans
« Prague; mais j'augure favorablement de leurs
« efforts. Je ne puis leur représenter assez vivement
« qu'ils se couvriraient d'une honte éternelle s'ils
« ne faisaient ce que, dans la dernière guerre, les
« Français ont fait, quoiqu'ils fussent en nombre
« bien inférieur. L'honneur de toute la nation et
« celui des armées impériales sont intéressés à la
« conduite que vont tenir les défenseurs de Prague.
« La sûreté de la Bohême, celle de mes autres États
« héréditaires et de l'Allemagne même, dépendent
« de la conservation de cette place. L'armée du
« feld-maréchal Daun se renforce journellement, et
« bientôt elle sera en état de faire lever le siège.
« Les Français s'approchent en toute diligence ; les
« Suédois et les Russes viennent à mon secours ; et
« en peu de temps les choses, avec l'assistance di-
« vine, prendront un aspect plus favorable. »

Cette lettre d'une souveraine bien-aimée excita le
plus grand enthousiasme. La garnison montra une
constance héroïque, et les habitants souffrirent sans
murmurer les horreurs d'un bombardement qui détruisit un quart de la ville.

CHAPITRE IX

Cependant la famine, plus terrible encore que les
bombes et les boulets, menaçait d'exercer ses ra-
vages, qui eussent inévitablement amené la reddition
de Prague ; et la prise de cette ville aurait entraîné
à son tour les conséquences les plus funestes pour la
maison d'Autriche. La défaite essuyée sous les murs
de cette ville par l'armée de l'impératrice-reine avait
répandu la consternation en Allemagne. L'électeur

de Bavière et les autres princes catholiques avaient
déjà députe vers le roi de Prusse, et presque tout
l'empire était sur le point d'abandonner le parti de
Marie-Thérèse. La capitale de la Bohême soumise,
tout le royaume aurait reçu la loi du vainqueur ; le
reste des États héréditaires était ouvert ; la ville de
Vienne pouvait être assiégée, et la famille impériale
forcée de chercher un refuge en Hongrie.

Celui qui, par son habileté supérieure et sa prudence consommée, était destiné à soustraire la maison d'Autriche à la ruine qui la menaçait, venait de
prendre pour la première fois le commandement en
chef d'une armée. C'était Léopold comte de Daun,
d'une noble et ancienne famille de Bohême. Il était
né en 1705. Entré fort jeune au service, il avait
appris l'art de la guerre sous Seckendorff et Khevenhuller. Sa parfaite connaissance de la tactique l'avait
fait choisir, comme nous l'avons dit, pour introduire
un nouveau système dans l'armée, et il avait composé
des règlements pour l'académie militaire de Vienne.
Quoiqu'il se fût distingué aux journées de Grotzka,
de Dettingen et de Hohen-Friedberg, et qu'il eût
mérité l'estime du prince Eugène et de Khevenhuller,
il ne s'était avancé que lentement, et à force de
mérite, du grade de simple officier à celui de feld-
maréchal. Après la mort du prince Piccolomini, on
lui avait confié le commandement de l'armée qui,
sous ses auspices, devait rendre leur éclat aux
armes autrichiennes. Sa grande sagacité, sa péné-
tration, sa bravoure personnelle que modérait son

sang-froid, son activité et son ardeur en un jour de combat, et son extrême circonspection avant et après l'action, furent en cette conjoncture critique les qualités qui le firent revêtir du commandement de l'armée, à la tête de laquelle il devait, comme un autre Fabius, arrêter les progrès du moderne Annibal[1].

A la première nouvelle de l'entrée des Prussiens dans la Bohême, le comte de Daun avait traversé la Moravie pour se porter vers Prague et faire sa jonction avec le prince Charles. Arrivé à Bohmischgrod, à quelques milles de cette place, il apprit la défaite de l'armée de ce prince, et s'arrêta là quelques jours pour rallier les fuyards. Son corps d'armée s'accrut tellement, que Frédéric II fit marcher contre lui vingt mille hommes, commandés par le prince de Bevern. Daun, quoique son armée eût l'avantage du nombre, avait trop de prudence pour risquer, avec des troupes découragées et contre une armée encore animée par sa récente victoire, une action du succès de laquelle aurait dépendu le sort de la maison d'Autriche. A l'approche du prince de Bevern, il se replia sur Kollin, sur Kuttemberg et sur Haber, tant pour y recueillir les débris de l'armée battue que pour recevoir les renforts qui arrivaient de la Moravie et de l'Autriche.

Quelques hommes à vues courtes lui reprochèrent cet excès de prudence, qu'ils étaient près de qualifier de pusillanimité. Le duc de Wurtemberg alla

---

[1] William Coxe, *Hist. de la maison d'Autriche*, t. V, p. 247.

même jusqu'à le menacer de se retirer dans ses États et de contremander les troupes qu'il faisait venir. Daun, comme Fabius, ne fut touché ni de ces reproches ni de ces menaces, et il n'en persista pas moins dans le parti qu'il avait pris. Mais lorsqu'il vit son armée forte de soixante mille hommes, il fit sur son front un mouvement rapide, qui obligea le prince de Bevern à se retirer, et par un retour offensif Daun se porta en avant pour attaquer le roi de Prusse dans ses postes devant Prague, au moment où le prince Charles ferait de son côté une vigoureuse sortie avec toutes ses forces.

Frédéric, reconnaissant le danger de sa position, devina le dessein du maréchal Daun. Laissant sous les murs de Prague une partie de son armée, il se mit en marche avec vingt mille hommes d'élite, le 13 juin au matin. Il joignit, le lendemain, le prince de Bevern, qui se retirait devant les Autrichiens. A l'approche du roi, Daun occupa les hauteurs qui s'étendent depuis le village de Chotzmitz jusque vers Kollin, et fit ses dispositions pour le cas probable d'une attaque de Frédéric.

En effet, le 18 juin, à deux heures après midi, le roi fit attaquer la droite des Autrichiens par son aile gauche. Ce mouvement s'opéra avec une telle vigueur, qu'il parvint presque à la tourner; mais plusieurs charges brillantes de la cavalerie saxonne rétablissent bientôt le combat, et portent le désordre dans les rangs prussiens. Daun vole de rang en rang, et excite ses soldats du geste et de la voix.

7

Il eut deux chevaux tués sous lui, fut blessé légèrement deux fois, et se montra digne émule du grand
Frédéric. La cavalerie prussienne avait fourni six
charges, et avait été repoussée chaque fois. Le roi la
rallie, et, la voyant découragée, il s'écrie : « Croyez-
vous donc vivre toujours ? » Il la conduit une sep-
tième fois contre l'ennemi ; mais elle fut encore forcée
de reculer. Jugeant la bataille perdue, Frédéric or-
donne à deux régiments de cuirassiers de dégager
l'infanterie. Intimidés par le carnage affreux qui
s'était fait de leurs camarades, ils refusent d'aller
en avant. Le roi, au désespoir, s'éloigne du champ
de bataille, accompagné d'un escadron de ses gardes.
Ses troupes, se voyant défaites pour la première
fois, disaient en faisant retraite : « C'est notre Pul-
tawa. »

Jamais succès n'avait été disputé avec tant d'opi-
niâtreté ; près de la moitié de l'infanterie prussienne
resta sur le champ de bataille. La perte des Autrichiens s'éleva à neuf mille hommes, celle de leurs
adversaires à quatorze mille. Quarante-trois pièces
de canon et vingt-deux étendards tombèrent entre
les mains des vainqueurs.

Forcé de se retirer après un tel échec, Frédéric
leva le blocus de Prague, et, voulant en même temps
couvrir la Saxe et la Silésie, il divisa son armée en
deux corps : celui qu'il commandait exécuta heureusement sa retraite ; mais celui qu'il confia à son
frère le prince royal fit des pertes considérables. Le
roi en fut extrêmement mécontent, et il en fit à son

frère des reproches si amers, que ce prince quitta l'armée et mourut de chagrin quelque temps après.

Marie-Thérèse, qui attendait, dans une grande anxiété d'esprit, le résultat d'une bataille dont la perte aurait mis ses affaires dans un état aussi déplorable que celui où elles avaient été réduites au commencement de son règne, en apprit le gain avec une joie proportionnée à la crainte qu'elle avait eue. Elle donna des fêtes magnifiques, fit frapper des médailles et remettre des gratifications aux troupes. Voulant témoigner de la manière la plus flatteuse sa reconnaissance au général qui le premier avait fait essuyer une défaite au redoutable Frédéric, elle alla, accompagnée de l'empereur, annoncer à la maréchale Daun la nouvelle de la grande victoire que venait de remporter son mari, et partager avec elle la satisfaction que leur causaient les succès du feld-maréchal.

A l'occasion de la victoire de Kollin, l'impératrice-reine fonda l'ordre militaire de Marie-Thérèse, dont elle décora les généraux et les braves officiers qui avaient pris part à cette glorieuse journée.

Tandis que Frédéric était chassé de la Bohême, ses alliés n'avaient pas une meilleure fortune dans la basse Allemagne. Un choc eut lieu, le 26 juillet, entre le maréchal d'Estrées et le duc de Cumberland. Les Hanovriens se couvraient du Weser; les Français passèrent ce fleuve entre Hameln et Hastenbeck. La droite française, commandée par notre meilleur général, le brave Chevert, enleva des hau-

teurs occupées par la gauche ennemie ; d'Estrées
avançait avec le centre, quand un homme destiné à
un grand nom militaire, le prince Ferdinand, frère
du duc de Brunswick, se glissa par les bois avec
quelques bataillons entre la droite de Chévert, qui
n'était pas suffisamment appuyée, et le gros de l'armée française. La confusion était déjà dans l'armée,
et d'Estrées ordonnait un mouvement en arrière,
lorsqu'on reconnut que Ferdinand n'était pas soutenu, et que Cumberland était en pleine retraite. Ainsi
l'armée française était victorieuse ; mais le maréchal
d'Estrées n'eut pas l'honneur de jouir des fruits de
sa victoire. Le lendemain il reçut un courrier qui lui
apportait son rappel et la nomination du maréchal
de Richelieu pour le remplacer.

L'armée française, commandée maintenant par
Richelieu, poussa devant elle Cumberland, qui, au
lieu de se replier vers le moyen Elbe et les Prussiens,
recula au nord vers le bas Elbe, s'écartant chaque
jour davantage de ses alliés. Hanovre, Brunswick,
Verden, Bremen, furent occupés par les Français.
Le corps de Soubise, parti d'Alsace, se réunit en
Thuringe aux contingents des cercles ou armée
d'exécution, commandés par le prince de Saxe-Hildburghausen, menaçant l'électorat de Saxe.

Les Russes arrivaient en ligne avec près de cent
mille hommes ; mais au lieu de pousser, comme on
le souhaitait, droit à l'Oder, ils envahirent le royaume
de Prusse, prirent Memel et menacèrent Kœnigsberg.
Le maréchal prussien Lehwald les assaillit hardiment

à Jagerndorff, et fut complètement battu (31 août).
Vingt mille Suédois, sous les ordres du feld-maréchal
Unger-Sternberg, envahirent la Poméranie et la
Marche ukrainienne, et au mois de septembre s'emparèrent de plusieurs places, et levèrent de fortes
contributions. Le général autrichien Haddick, qui
était posté en Lusace, poussa avec un petit corps
jusqu'à Berlin, et mit cette ville à contribution;
mais il se retira, sur la nouvelle de l'arrivée du
général Seydlitz à la tête d'un faible corps d'armée.

Frédéric laissa le gros de ses troupes au prince
de Brunswick-Bevern pour tenir tête aux Autrichiens,
et courut en Saxe avec un corps de vingt à vingt-
cinq mille hommes, afin d'arrêter les Franco-Im-
périaux (l'armée de Soubise et du prince de Saxe-
Hildburghausen). Il reçut, en arrivant aux bords de
la Saale, une funeste nouvelle : le duc de Cumberland, acculé par les Français au bas Elbe, près de
Stade, venait de capituler avec toute son armée;
une convention signée à Klosterseven, le 8 septembre, par la médiation d'une puissance neutre,
le Danemark, avait stipulé la cessation des hostilités
entre les Français et les Hanovriens, le renvoi des
auxiliaires hessois, brunswickois, etc., dans leurs
pays respectifs, et la retraite des Hanovriens par
delà l'Elbe, dans le duché de Lauenbourg, la garnison de Stade exceptée.

Frédéric eut un moment de désespoir; il se sentit
près d'être écrasé entre tant d'ennemis. Il voyait
Richelieu libre de joindre Soubise et Hildburghausen,

déjà très supérieurs au corps prussien qui leur était
opposé ; il voyait Daun beaucoup plus fort que
Bevern, la Prusse et la Poméranie envahies, les
partis autrichiens courant déjà le Brandebourg et
allant mettre à contribution sa capitale sans défense.
La pensée du suicide vint à Frédéric ; il l'exprima
dans une *Épître au marquis d'Argens*, qui est peut-
être le plus singulier monument de son étrange
caractère ; c'est un mélange de lamentations, de
bravades héroïques, de maximes matérialistes,
d'appel à la mémoire des *héros de la liberté,* des
Caton, des Brutus, dont il va suivre l'exemple. On
ne voit pas trop quel rapport le despote de Prusse
pouvait établir entre lui et les héros de la liberté[1].
En même temps il écrivait à sa sœur, la margrave
de Beyreuth : « Il n'y a de port et d'asile pour moi
que dans les bras de la mort. » Cependant il ne resta

---

[1] Voici un extrait de cette singulière épître :

Depuis longtemps pour moi l'astre de la lumière
N'éclaire que des jours signalés par des maux ;
Depuis longtemps Morphée, avare de pavots,
N'en daigne plus jeter sur ma triste paupière.
Je disais ce matin les yeux couverts de pleurs :
    Le jour qui dans peu va paraître
    M'annonce de nouveaux malheurs ;
Je disais à la nuit : Tu vas bientôt renaître
    Pour éterniser mes douleurs.
Vous, de la liberté héros que je révère,
O mânes de Caton ! ô mânes de Brutus !
    Votre illustre exemple m'éclaire
    Parmi les erreurs, les abus ;
    C'est votre flambeau funéraire
Qui m'instruit du chemin peu connu du vulgaire,
Que nous avaient tracé vos antiques vertus.

pas longtemps dans cet état de prostration ; il prit
bientôt la résolution, non plus de se donner la mort,
mais de vaincre ou mourir sur le champ de bataille.

Frédéric s'était porté, comme nous l'avons dit, à
la rencontre de l'armée d'exécution commandée par
Hildburghausen et Soubise. Déjà cette armée avait
passé la Saale, quand le roi, ayant dégagé le maréchal
Keith, marcha contre le prince de Soubise, qui
s'était avancé jusqu'au Miceln. Le roi occupa Schor-
tau, bien résolu à attaquer les alliés, qui avaient
pris une mauvaise position. Pendant la nuit, Soubise
en choisit une plus avantageuse ; et Frédéric, renon-
çant à son dessein, se retira au-dessus de Rosbach,
village qui couvrit un des flancs de l'armée prussienne, dont l'autre flanc s'appuya sur Breda.

Les alliés, qui étaient deux fois plus nombreux
que les Prussiens, se croyaient assurés de la victoire.
Mais, au moment où ils pensaient que le roi de
Prusse allait battre en retraite (5 novembre) et où
ils s'apprêtaient à lui barrer le passage, ils furent
assaillis tout à coup par une effroyable canonnade
et par des charges de cavalerie habilement dirigées
par le général de Seydlitz. En moins d'une demi-
heure l'armée des alliés fut forcée d'abandonner
le champ de bataille, et mise en pleine déroute.
L'armée prussienne, dont à peine la moitié avait
donné, ne perdit guère que trois cents hommes. Les
alliés en eurent quatre mille de tués et de blessés.
On fit sur eux sept mille prisonniers, parmi lesquels
se trouvèrent onze généraux. Soixante-trois pièces

de canon et vingt-deux drapeaux tombèrent au pouvoir du vainqueur[1].

Frédéric II se tourna alors de nouveau contre les Autrichiens, qui, dans l'intervalle, ayant envahi la Silésie, avaient pris Schweidnitz le 12 novembre, et après avoir battu à Breslau, le 22 du même mois, le prince de Bevern, s'étaient rendus maîtres de cette ville le 24 suivant. La Silésie paraissait perdue ; mais le roi n'eut pas sitôt joint les ennemis, que tout changea. Dans un conseil de guerre tenu par les généraux autrichiens, l'avis de Daun, qui jugeait que le manque de vivres et la rigueur du temps forcerait le roi de Prusse à se retirer, fut rejeté comme trop timide. En conséquence le prince Charles, ayant quitté son camp de Breslau, se porta en avant et prit poste auprès de Leuthen ou Lissa. Le 5 décembre, Frédéric, qui n'avait que trente-trois mille hommes, attaqua l'armée autrichienne, forte de quatre-vingt-dix mille hommes, et remporta sur elle une victoire complète, due à l'habileté de ses manœuvres et aux efforts de son génie. Les Prussiens firent vingt et un mille trois cents prisonniers, sans compter six mille déserteurs autrichiens, qui après la bataille passèrent dans leurs rangs. Six mille cinq cents Autrichiens furent tués ou blessés. Cent trente-quatre pièces de canon, cinquante-neuf drapeaux, tout le bagage et la caisse

---

[1] Frédéric II fit élever à Rosbach une colonne de bronze en mémoire de cette éclatante victoire. Cinquante ans après, les Français s'emparèrent de cette colonne.

Frédéric II.

militaire tombèrent entre les mains des Prussiens,
qui ne perdirent qu'environ cinq mille hommes,
tués ou blessés. Breslau capitula le 18 ; dix-huit mille
hommes, sept cents officiers et treize généraux
furent faits prisonniers de guerre. Liegnitz éprouva
bientôt le même sort ; et Schweidnitz, la seule
forteresse que conservassent les Autrichiens, fut
bloquée par les vainqueurs.

La fin de la campagne fut partout malheureuse
pour les alliés. Les Russes, après leur victoire de
Jagerndorff, abandonnèrent subitement toutes leurs
conquêtes, et se retirèrent au delà de leurs frontières. Les Prussiens purent alors diriger leurs efforts
contre les Suédois, que non seulement ils chassèrent
de la Poméranie prussienne, mais qu'ils obligèrent
à chercher un refuge sous le canon de Stralsund.

Après la journée de Rosbach, le maréchal de
Richelieu sortit de Magdebourg avec précipitation
et se replia sur le Hanovre. Le duc de Cumberland
s'était retiré en Angleterre, laissant au prince Ferdinand de Brunswick le commandement des auxiliaires à la solde de la Grande-Bretagne. William
Pitt, alors à la tête du ministère anglais, refusa de
ratifier la convention ou capitulation de Klosterseven,
qu'il considérait comme l'opprobre de l'Angleterre,
et il renforça l'armée hanovrienne d'un corps anglais,
sous les ordres du duc de Marborough, petit-neveu
du grand général de ce nom. Le landgrave de Hesse-
Cassel rompit aussi ses négociations avec la France,
et renoua ses engagements avec la Prusse et l'Angle-

terre. En conséquence, les troupes auxiliaires furent
de nouveau rassemblées à Stade. Ayant été ren-
forcées par un corps de troupes prussiennes, elles
chassèrent les Français de presque tout le duché de
Lauenbourg et d'une partie des domaines de la
maison de Brunswick; mais l'époque avancée de la
saison les empêcha de pousser plus loin leurs
avantages, et les deux armées prirent leurs quartiers
d'hiver, les Français dans l'électorat, et les auxiliaires
dans le duché de Lunebourg.

Telle fut la fin de cette campagne, une des plus
mémorables dans l'histoire des guerres du xviii° siècle, dans laquelle sept grandes batailles furent
livrées, où sept cent mille hommes combattirent, et
où de grands généraux développèrent leurs talents
ou terminèrent leurs glorieuses carrières. La variété
des événements et les surprenantes révolutions de
la fortune qui ont signalé cette campagne sont surtout
ce qui la rend remarquable. En effet, on y voit les
Autrichiens, d'abord accablés par l'habileté supérieure de Frédéric, se relever et obtenir des succès
qui dépassent leurs espérances ; on y voit quarante
mille hommes de troupes auxiliaires des Prussiens
réduits à l'inaction et, peu s'en faut, prisonniers de
guerre ; on y voit les Français maîtres de tout le
pays qui s'étend entre le Weser et l'Elbe, le roi de
Prusse entièrement défait, son armée enveloppée
par des troupes six fois plus nombreuses qu'elle ; la
Silésie, qu'il avait acquise au prix de tant de trésors
et de sang, enlevée à ce prince ; ses États envahis de

toute part, et la capitale mise à contribution. Mais, à l'instant même où sa chute semblait inévitable, le puissant génie de Frédéric opère dans sa fortune un changement inouï : on voit la puissance de la France abaissée d'un seul coup ; les Hanovriens, animés par les succès des Prussiens, reprennent les armes ; les Russes, victorieux, se retirent comme s'ils avaient été vaincus ; les Suédois perdent leurs conquêtes et même une partie de leurs possessions ; l'armée autrichienne est presque anéantie ; et dix-sept mille hommes, faibles restes de cent mille, sont poursuivis par les vainqueurs jusque dans les États héréditaires.

Marie-Thérèse eut à créer une nouvelle armée. Les dépenses énormes qu'elle fut obligée de faire pour remplacer les armes, les magasins, les bagages qui étaient tombés au pouvoir de l'ennemi, furent extrêmement onéreuses à son trésor, que la campagne précédente et les sommes considérables qu'elle venait de faire passer à Saint-Pétersbourg pour obtenir la coopération de l'impératrice de Russie avaient déjà épuisé. Cette princesse n'était plus soutenue par l'enthousiasme des Anglais. La cause du roi de Prusse était devenue plus populaire en Angleterre que celle de la maison d'Autriche ne l'avait été au commencement de la dernière guerre. Un traité d'alliance offensive et défensive avait été conclu entre les deux cours de Berlin et de Londres ; et Frédéric II obtint un subside annuel presque double de celui qu'on avait donné à Marie-Thérèse dans les temps de ses plus grands revers.

CHAPITRE X

La campagne de 1750 s'ouvrit dans les premiers jours de février, du côté de la Westphalie. Le comte de Clermont, oncle du prince de Condé, remplaçait Richelieu dans le commandement de l'armée fran-

çaise. La présence de ce prince n'opéra pas un changement favorable. En moins d'un mois, le prince Ferdinand de Brunswick enleva aux Français leurs conquêtes, et les contraignit à repasser le Rhin avec perte de dix mille hommes. Après avoir donné quelque relâche à ses troupes, Ferdinand traversa le Rhin le 2 juin, gagna la bataille de Crevelt, où les Français perdirent sept mille hommes. Après cette victoire, les Hanovriens prirent Ruremonde et Dusseldorf, et poussèrent des partis jusqu'aux portes de Bruxelles. Cette suite de revers fit rappeler le comte de Clermont, et le commandement fut donné au maréchal de Contades, général expérimenté, dont l'armée fut renforcée jusqu'à quatre-vingt-mille hommes. Ce général détacha le prince de Soubise avec trente mille hommes pour faire une diversion du côté de Cassel. Après avoir battu à Sangerhausen sept mille Hessois que commandait le prince d'Isenbourg, Soubise conquit la plus grande partie du landgraviat, et recouvra la partie méridionale du Hanovre. Cette diversion obligea le prince Ferdinand à repasser le Rhin; ce qu'il fit sans perte, quoique serré de près par Contades. Quelques jours après il fut joint par douze mille Anglais, que commandait Marlborough. Il contraignit les Français à demeurer dans l'inaction, quoiqu'ils eussent toujours la supériorité du nombre. A la fin de la campagne, Soubise abandonna ses conquêtes pour prendre ses quartiers entre le Rhin et le Mein. Contades distribua ses troupes entre le Rhin et la Meuse. Le prince Ferdi-

nand occupa la Westphalie et la basse Saxe, et fixa
son quartier général à Munster.

Les Russes ouvrirent la campagne d'une manière
brillante. Leur armée, maintenant sous les ordres
du général Fermor, se mit en marche dès le mois de
janvier 1758, s'empara de Kœnigsberg, et avant la
fin du mois avait soumis la plus grande partie de la
Prusse. Fermor donna quelque repos à ses troupes,
attendant le moment favorable pour faire sa jonction
avec les Autrichiens dans la Silésie ou dans la Saxe.
Mais l'épuisement des finances de la cour de Vienne
et les maladies qui vinrent encore éclaircir les rangs
de ses troupes ne lui permirent pas, malgré tous
ses efforts, de faire entrer son armée en campagne
avant les premiers jours d'avril. Déjà le roi de Prusse
avait commencé ses opérations. Après s'être rendu
maître de Schweidnitz, seule place de la Silésie restée
au pouvoir des Autrichiens et qu'il avait tenue
bloquée tout l'hiver, il résolut de porter la guerre
dans la Moravie, qui était moins épuisée que la
Bohême, et il entreprit le siège d'Omultz dès le mois
de mai. La situation marécageuse et l'étendue de la
place en rendaient l'investissement très difficile. Les
magasins de l'armée prussienne étaient à une grande
distance, et l'arrivée des convois, qui devaient traverser un pays montueux, était très incertaine.

Le maréchal Daun, qui avait alors le commandement en chef de l'armée autrichienne en remplace-
ment du prince Charles de Lorraine, que les revers
de la campagne précédente avaient forcé de se

retirer, sut mettre habilement à profit ces circonstances et les moindres fautes de son illustre adversaire. Il avait eu le temps de rassembler une armée
de cinquante mille hommes ; toutefois, comme elle
n'était guère composée que de recrues, il évita soi-
gneusement d'engager une action. Il prit position à
Leutomichl, à cinquante milles d'Omultz. De là il
renforça continuellement la garnison, et harcela
sans cesse les Prussiens au moyen de ses nombreuses troupes légères. Ayant familiarisé ses soldats
avec la vue de l'ennemi, il s'avança jusqu'à Ivano-
witz, et feignit de se préparer à livrer la bataille.
Mais cette manœuvre avait pour but de couvrir une
expédition importante qu'il avait confiée aux maréchaux Laudon et Ziskowitz : il s'agissait d'enlever
un convoi de trois mille fourgons, qui venait de la
Silésie par Troppau, et sans lequel les Prussiens ne
pourraient continuer les opérations du siège. Son
projet fut aussi bien exécuté que conçu. L'escorte,
forte de douze mille hommes, fut dispersée, et le
convoi détruit.

Frédéric, forcé de lever le siège d'Olmutz, traversa la Bohême avec la rapidité de l'éclair, et se
porta à marches forcées au-devant de l'armée russe,
qui assiégeait Custrin. Arrivé dans les environs de
cette place le 21 août, il rejoignit le comte Dohna,
un de ses généraux, qui avait seize mille hommes
sous ses ordres. Il passa immédiatement l'Oder à
huit milles au-dessous de Custrin, força Fermor
à lever le siège de cette place, et l'attaqua près du

village de Zomdorf. Après un combat furieux, qui
dura depuis huit heures du matin jusqu'à neuf
heures et demie du soir, il remporta une victoire
décisive, qui contraignit les Russes à se retirer vers
les frontières de la Pologne, avec perte de près de
vingt-cinq mille hommes tués, blessés et prisonniers.
Les Prussiens en perdirent douze mille.

Le roi, après cette victoire, retourna sur ses pas
avec la même rapidité qu'il était venu, pour aller en
Saxe au secours du prince Henri, son frère, vivement pressé par le feld-maréchal Daun, qui était
soutenu par l'armée de l'empire maintenant sous les
ordres du prince Frédéric de Deux-Ponts. Le roi,
ayant été rejoint par un corps que le maréchal Keith
lui amenait de Silésie, campa le 12 octobre près de
Reichenberg, et ouvrit une communication avec le
prince Henri. Il se rapprocha ensuite du camp de
Daun, qui tenait une forte position à Stolpe. Cependant le feld-maréchal évita avec soin d'engager une
action. Frédéric l'ayant tourné, Daun se transporta
à Liebau, et ferma de nouveau le chemin de la
Silésie. En conséquence de ce mouvement, Frédéric
vint asseoir son camp à trois milles des Autrichiens,
sur les hauteurs de Hochkirch.

Daun jugea que la position prise par le roi de
Prusse était mauvaise, et il résolut de l'attaquer à
l'improviste dans la matinée du 14 octobre. Ses
mesures furent prises avec une telle précaution, que
les avant-postes prussiens furent enlevés sans avoir
eu le temps de donner l'alarme, et qu'une partie de

l'armée autrichienne, après avoir enlevé l'artillerie prussienne, pénètre dans le camp, et au point du jour se trouve en ordre de bataille au milieu des lignes des Prussiens.

Une armée moins aguerrie et moins exercée que ne l'était celle de Frédéric aurait été anéantie ; mais, à la première alarme, les soldats coururent aux armes, se rangèrent en aussi bon ordre que le permirent la surprise et l'obscurité, et se présentèrent isolément à l'ennemi, combattant avec un courage héroïque. Seydlitz fit des prodiges avec sa cavalerie ; le roi dirigea tout avec une présence d'esprit admirable. Le maréchal Keith, l'ami intime de Frédéric, et le prince François de Brunswick, frère de la reine, furent tués ; le prince Maurice d'Anhalt-Dessau, grièvement blessé, fut fait prisonnier, et mourut peu de temps après. Frédéric, après un combat de cinq heures, se vit forcé d'abandonner son camp, ses bagages, cent pièces de canon et trente drapeaux. Là plusieurs de ses généraux furent blessés, le roi même reçut une contusion et eut un cheval tué sous lui. Deux de ses pages périrent à ses côtés.

La cour de Vienne, transportée de joie, répandit les honneurs et les grâces sur le général victorieux. L'impératrice-reine lui témoigna sa reconnaissance par une lettre écrite de sa propre main ; une statue fut élevée en son honneur ; les États d'Autriche lui firent présent de trois cent mille florins pour racheter la seigneurie de Ladendorff, bien de famille que son père avait vendu ; enfin l'impératrice de Russie

lui témoigna sa considération par le don d'une épée
à poignée d'or.

Malgré le désastre qu'il venait d'éprouver à Hochkirch, jamais le roi de Prusse ne parut plus grand.
Loin de fuir devant le vainqueur, il établit son camp
à quatre kilomètres du champ de bataille, dans une
position avantageuse, mais où il manquait d'artillerie
et même de poudre. Daun n'osa pas l'attaquer ; Frédéric attendit les renforts que lui amena bientôt son
frère Henri. Dès qu'il les eut reçus, il marcha au
secours de Neisse, assiégée par les Autrichiens. A son
approche, ils se retirèrent ; le roi ne les poursuivit
pas, mais prit le chemin de la Saxe pour débarrasser
ce pays de l'armée d'exécution qui investissait Leipsick, tandis que le feld-maréchal Daun menaçait
Dresde. L'approche du roi de Prusse empêcha Daun
de former le siège de cette ville, et força les alliés
à quitter la Saxe ; ils prirent leurs quartiers d'hiver
soit dans l'empire, soit en Bohême.

La position du roi de Prusse devenait de jour en
jour plus critique, et l'élévation du duc de Choiseul
au ministère de France fut un événement qui contribua à augmenter encore ses embarras et ses dangers.
Ce ministre, personnellement attaché aux princes de
la maison de Lorraine-Autriche, conclut le 30 décembre 1758, avec l'impératrice-reine, de nouvelles
conventions qui resserrèrent l'union fondée le
1er mai 1756. Par ce traité, l'alliance de 1756, qui
n'était que défensive, fut convertie en une alliance
offensive, et ainsi l'animosité qui depuis deux siècles

avait divisé la France et l'Autriche fit place au concert le plus intime.

Le 7 mars 1760, l'impératrice de Russie y donna son adhésion. En même temps le roi de Prusse renouvela ses traités de subsides avec la Grande-Bretagne, et celle-ci avec le landgrave de Hesse.

Ainsi les deux partis ouvrirent avec de nouvelles forces la campagne de 1759. Elle ne fut pas heureuse pour le roi de Prusse.

Au commencement d'avril, le prince Ferdinand de Brunswick s'était mis en marche à la tête d'une armée de quarante mille hommes pour surprendre les Français dans leurs quartiers d'hiver aux environs de Francfort. Le duc de Broglie rassembla en trente-six heures toutes ses troupes, qui montaient à vingt-cinq mille hommes, et fit tête au prince Ferdinand avec tant de succès, que celui-ci fut obligé de faire sa retraite, après avoir perdu six mille hommes et quelques pièces de canon. Le prince d'Isenbourg fut tué dans cette action, qui eut lieu, le 13 avril, à Bergen. L'empereur François créa le duc de Broglie prince d'empire, et Louis XV lui donna le bâton de maréchal de France.

Le prince Ferdinand prit, au mois d'août, une revanche complète. Le maréchal de Contades, ayant laissé le bas Rhin à la garde du marquis d'Armentières, marcha avec le reste de l'armée, joignit le maréchal de Broglie, et poussa devant lui les alliés jusque dans la Hesse. Broglie s'empara de Minden, et y établit son quartier général. Ferdinand arriva

pour secourir le pays de Hanovre, et campa à Petershagen, presque à la vue des Français. Il trompa le maréchal de Contades par une retraite simulée ; l'ayant attiré hors d'une position avantageuse qu'il occupait, il le battit complètement (1er août), et fit éprouver aux Français une perte de sept mille hommes. Le même jour, le prince héréditaire de Brunswick remporta à Gofeld un avantage considérable sur le duc de Brissac. Ces victoires eurent pour résultat l'évacuation de la Hesse et la retraite de l'armée française jusqu'à Francfort, où elle prit ses quartiers d'hiver. Munster, Minden, Cassel, Marbourg, retombèrent au pouvoir des alliés. Le 2 novembre, Broglie prit le commandement en chef à la place de Contades.

Tandis que les Français et les Hanovriens se battaient du côté de l'électorat, le roi de Prusse et le maréchal Daun s'observaient avec une égale attention. Chacun, se tenant sur la défensive, attendait pour agir l'arrivée des Russes, qui devaient attaquer la Silésie : Frédéric pour les combattre, Daun pour les appuyer. Dans le mois de juillet, les Russes s'approchèrent enfin de cette province. Le roi de Prusse envoya aussitôt contre eux le comte de Dohna, qui fut complètement battu par Soltykoff, 23 juillet, à Zullichau. Les Russes, devenus maîtres de la campagne, s'emparèrent de Francfort-sur-l'Oder, menacèrent Berlin, et furent renforcés le 3 août par dix-huit mille Autrichiens, la plupart cavalerie, que leur envoya le maréchal Daun, et dont il confia le

commandement à Laudon. Pour arrêter leurs progrès, le roi de Prusse se mit à la tête de tout ce qu'il
put rassembler de troupes, laissa le prince Henri
pour observer Daun, et marcha contre l'armée combinée de Soltykoff et de Laudon, qu'il attaqua, le
12 août, auprès de Kunersdorf et non loin de Francfort-sur-l'Oder. La bataille fut très meurtrière. Elle
commença à midi ; à six heures du soir, l'infanterie
prussienne avait remporté une victoire qui paraissait
décisive et avait pris cent quatre-vingts canons. La
plupart des généraux prussiens exhortaient le roi à
se contenter de l'avantage qu'il avait remporté, et
qui devait forcer l'ennemi à faire retraite pendant la
nuit ; Frédéric s'obstina à vouloir détruire le reste de
l'armée russe, et à s'emparer d'un poste fortifié qu'ils
occupaient. Mais les Russes firent une vigoureuse
résistance, et Laudon, avec des troupes fraîches, attaqua vigoureusement les Prussiens, accablés de las-
situde et de chaleur. Une terreur panique s'en empara,
et ils s'enfuirent, laissant plus de dix-huit mille
hommes sur le champ de bataille, près de deux cents
pièces de canon, trente drapeaux et une grande quan-
tité de munitions de guerre. Laudon, à la tête de sa
cavalerie, atteignit leur arrière-garde, et culbuta
dans les marais les escadrons qui essayaient de l'arrêter ; quatre mille Prussiens furent faits prisonniers.
Les Austro-Russes eurent près de dix mille hommes
tant tués que blessés. Le roi couvrit la retraite avec
quelques pièces de canon et un seul régiment. Il eut
deux chevaux tués sous lui ; ses habits furent criblés

de balles, et sans les efforts de ses hussards il eût été fait prisonnier.

« A quoi tiennent les victoires? » disait Frédéric en parlant de ce combat. Il s'était cru si sûr du succès, qu'au milieu de la bataille il avait envoyé ce billet à la reine : « Nous avons chassé les Russes de « leurs retranchements, et sous deux heures nous « aurons triomphé complètement. » Après l'action il écrivit ces mots : « Éloignez de Berlin la famille « royale ; faites porter les archives à Potsdam, et « que la capitale s'accommode avec l'ennemi. »

Cette sanglante bataille n'eut cependant aucune suite remarquable, grâce à la mésintelligence qui s'établit entre les généraux russes et autrichiens. Au lieu d'agir avec vigueur et de poursuivre leurs avantages, ils laissèrent à Frédéric le temps de reprendre de nouvelles forces, et lorsque Daun voulut faire des reproches à Soltykoff de son inaction, celui-ci lui répondit : « J'ai gagné deux batailles ; pour conti- « nuer mes opérations, j'attends que vous en ayez « fait autant, car il n'est pas juste que les troupes « de ma souveraine agissent seules. »

Pendant que Frédéric était occupé contre les Russes, l'armée de l'empire, commandée par le prince Frédéric de Deux-Ponts, prit Leipsick le 5 août, Torgau le 14, et Wittemberg le 21 ; elle s'empara aussi de Dresde, le 5 septembre, après vingt-sept jours de siège.

Le roi, désirant reprendre cette ville, se mit à la tête de son armée en Saxe ; et pour obliger le ma-

réchal Daun, qui l'observait tout en évitant une bataille, à faire sa retraite en Bohême, il détacha le
général Fink avec quinze à seize mille hommes sur
les derrières du maréchal, et Dierke avec trois mille
hommes pour prendre position sur l'Elbe. Ces mou-
vements gênèrent extrêmement l'armée autrichienne,
et exposèrent la Bohême aux incursions des Prussiens. Dans cette conjoncture, Daun conçut le projet
hardi de surprendre le corps de Fink, qui occupait
Maxen, et il exécuta cette entreprise délicate avec
autant d'habileté que de promptitude et de secret. Il
investit silencieusement la position de Maxen; puis,
quand tout fut prêt, il l'attaqua sur tous les points à
la fois. Après une vigoureuse résistance, Fink se vit
forcé de capituler (le 21 novembre) et de se rendre
prisonnier de guerre avec quinze mille hommes, huit
généraux et dix-sept canons. Frédéric avait été averti
trop tard du danger de Fink; et Aulsen, qu'il détacha
pour soutenir la retraite, n'arriva que pour apprendre
la capitulation. Le corps de Dierke, se trouvant alors
très exposé, s'efforça de passer l'Elbe dans des ba-
teaux. Il fut attaqué pendant cette opération, et
quatorze cents hommes furent pris avec leur commandant. Cependant le maréchal Daun ne sut pas
profiter de ce brillant succès; il revint à son poste
d'observation en Saxe, et empêcha Frédéric de
prendre Dresde, mais non pas d'occuper tout l'électorat, dont ce prince se trouva maître à la fin de la
campagne.

Les Français, ayant après une longue suite de suc-

8

cès essuyé la défaite de Minden, le prince Ferdinand de Brunswick fut en état d'envoyer au roi de Prusse un renfort de douze mille hommes, qui arriva au commencement du mois de décembre. Frédéric, après avoir fait une tentative inutile pour faire sortir les Autrichiens de Dresde et des environs, mit ses troupes en cantonnement autour de son camp de Wilsdruf, dont il laissa les tentes debout, et où il fit monter la garde tous les jours. Le maréchal Daun maintint sa position avec la même constance. Les deux armées eurent à supporter le froid le plus rigoureux qu'on eût encore ressenti en Allemagne, et qui coûta la vie à un grand nombre d'hommes.

CHAPITRE XI

La campagne de 1760 ne fut pas favorable aux Hanovriens, alliés du roi de Prusse. Le maréchal de Broglie envahit de nouveau la Hesse, sans que le

prince Ferdinand pût l'arrêter. Le prince héréditaire de Brunswick s'étant approché de Kosbach, le comte de Saint-Germain l'y battit le 10 juillet. Il fut obligé de se replier sur Sachenhaven, où il rejoignit Ferdinand. Les Hanovriens réparèrent cet échec par l'avantage que le prince eut, le 31 juillet, auprès de Wartbourg, sur un corps détaché de Français commandé par le chevalier de Muy. Ce léger succès ne put empêcher le prince Xavier de Saxe, connu en France sous le nom de comte de Lusace, de prendre Cassel, et de pénétrer par Munden dans le pays de Hanovre.

Le prince Ferdinand ne voulut pas risquer une bataille ; il résolut de faire une puissante diversion sur le bas Rhin ; il y détacha le prince héréditaire, qui se rendit maître de Clèves et de Rheinberg, et entreprit, le 9 octobre, le siège de Wesel ; mais le maréchal de Broglie envoya contre ce prince le marquis de Castrie, qui le défit, le 16 octobre, à Clostercamp[1]. Forcé de lever le siège, le prince héréditaire repassa le Rhin. Le maréchal de Broglie fit

---

[1] On sait que le succès de cette bataille est dû en partie au noble dévouement du chevalier d'Assas, capitaine français au régiment d'Auvergne. D'Assas, qui commandait une grand'garde, étant allé le 16 octobre, au point du jour, reconnaître les postes ennemis, tomba sur une colonne d'Anglo-Hanovriens, qui s'avançait en silence pour surprendre l'armée française. Aussitôt des grenadiers le saisissent, et le menacent de l'égorger s'il dit un seul mot. Il y allait du salut de l'armée française, qui n'était point préparée à cette attaque. D'Assas se recueille un instant pour enfler sa voix, et de toute la force de ses poumons il crie : « A moi, Auvergne, voilà l'ennemi ! » Aussitôt il tombe percé de coups ; mais les Français sont avertis ; ils repoussent l'ennemi et remportent la victoire.

fortifier Gœttingue, et se maintint pendant l'hiver dans la Hesse et dans l'électorat de Hanovre.

Mort de l'héroïque chevalier d'Assas.

Avant l'ouverture de la campagne, les Autrichiens avaient combiné avec les Russes un plan d'opérations d'après lequel les généraux Laudon et Soltykoff de-

vraient entreprendre cette année la conquête de la
Silésie, tandis que le feld-maréchal Daun avec le
prince de Deux-Ponts, après avoir achevé la conquête de la Saxe, pénétreraient dans la marche de
Brandebourg.

Le roi de Prusse opposa le prince Henri, son frère,
aux Russes; il prit lui-même le commandement de
l'armée de Saxe, et bombarda Dresde, qui souffrit
prodigieusement pendant six semaines. Mais la nouvelle de ce qui venait de se passer en Silésie força le
roi de lever, le 30 juillet, un siège qui avait coûté
déjà à la capitale de la Saxe quatre cent seize de ses
plus beaux édifices. Laudon était entré avec son
armée dans le comté de Glatz, et avait formé le
blocus de cette ville. Le général prussien Fouquet,
qui observait les Autrichiens de ses environs, prit à
Landshut une position qui lui devint funeste. Attaqué
le 23 juin par Laudon, il fut obligé, après une défense vigoureuse, de se rendre prisonnier de guerre
avec quatre mille hommes. Glatz ouvrit ses portes aux
vainqueurs le 2 juillet. Telles étaient les nouvelles qui
avaient déterminé Frédéric à lever le siège de Dresde.

Les Russes étant entrés dans la Silésie, Laudon
bombarda Breslau; le prince Henri força les Autrichiens à lever ce siège le 5 août, et empêcha ainsi
Soltykoff de passer l'Oder pour se réunir à Laudon.

Le roi, qui craignait la perte de cette province, y
accourut de la Saxe; sa marche fut harcelée par le
maréchal Daun, qui la précédait comme une avant-
garde, tandis qu'il était suivi par Lascy.

Frédéric s'avança jusqu'à Liegnitz, où il se vit presque cerné par plusieurs corps autrichiens et russes, et se trouva dans une position qui présageait un pendant à la fatale journée de Hochkirch. Les deux armées, résolues à se combattre, mais voulant se tromper mutuellement, quittèrent en silence leurs camps dans la nuit du 14 au 15 août. Le roi prit position à Plaffendorf, proche Liegnitz, où il attendait le lever du soleil, assis sur une caisse de tambour; il savait que Laudon s'était mis en marche. Effectivement ce général arriva près de Plaffendorf, où il ne croyait pas trouver toute l'armée prussienne, car cette position était assez éloignée du camp que l'ennemi avait occupé la veille; il devait attaquer l'aile gauche, pendant que Daun attaquerait la droite. Le général autrichien, étonné, hésita; mais, bientôt attaqué vivement par les Prussiens, il essuya une défaite complète, et perdit près de dix mille hommes. Daun ne put le soutenir, parce qu'il trouva le camp prussien désert et que le vent contraire l'empêcha d'entendre le canon de la bataille de Liegnitz, qui fut décidée dès cinq heures du matin. A neuf heures, l'armée prussienne était déjà en marche pour se rapprocher de l'Oder; ce mouvement força le général russe Tchernitcheff de repasser ce fleuve avec son corps d'armée, fort de vingt mille hommes. Le roi empêcha ainsi la réunion des Russes et des Autrichiens, rétablit la communication avec Breslau, et opéra sa jonction avec le prince Henri de Prusse; après quoi il choisit des positions qui le mirent à

l'abri de toute attaque, et fit perdre ainsi à ses ennemis le succès d'une campagne dont ils avaient conçu
les plus hautes espérances.

Pour obliger le roi de Prusse à quitter ses positions, l'infatigable Daun fit une diversion jusque dans
sa capitale. Un corps considérable d'Autrichiens et
de Russes, sous les ordres des généraux Tchernitcheff, Totleben et Lascy, se porta droit sur Berlin;
Tchernitcheff y entra le 9 octobre, s'y conduisit avec
humanité, mais frappa la ville d'une forte contribution. Après y être resté huit jours, les Russes repassèrent l'Oder.

Pendant ce temps-là, l'armée de l'empire, soutenue
par différents corps autrichiens, s'était emparée successivement de Leipsick, Torgau et Wittemberg, et
avait enlevé aux Prussiens tous leurs magasins. Le
roi de Prusse ne s'était pas laissé distraire de ses
plans par l'occupation de sa capitale; la possession
de la Saxe était à ses yeux d'une plus haute importance. Il attaqua donc l'armée de l'empire, la repoussa, reprit Leipsick et Wittemberg, et, voulant
également déloger Daun de la position avantageuse
qu'il occupait vers Torgau, vint l'y attaquer le 3 novembre.

La bataille de Torgau compte parmi les plus san-
glantes dont il soit fait mention dans les annales de
la guerre. Des deux côtés on fit des efforts extraordinaires. Le corps des grenadiers prussiens fut presque
anéanti par l'artillerie autrichienne. Tour à tour les
Autrichiens et les Prussiens furent vainqueurs. Daun,

grièvement blessé à la cuisse, dut se faire transporter
à Torgau, après avoir remis le commandement au
général Buccow ; mais il croyait si fermement la
bataille gagnée, qu'il envoya un courrier à Vienne
pour annoncer la nouvelle d'une victoire complète.
Le roi lui-même, qui avait aussi reçu une blessure
légère, jugea la bataille perdue et se retira. Heureusement le général prussien Ziethen, qui devait attaquer sur un autre point en même temps que le roi,
et qui avait été retardé dans sa marche par une foule
d'obstacles imprévus, arriva à temps encore pour
rétablir les affaires de Frédéric II ; la bataille recom-
mença et dura, dans l'obscurité, jusqu'à neuf heures
et demie. La nuit fut horrible ; les soldats des deux
armées étaient mêlés, souffrant également du froid,
de la faim et de la soif, tournant leurs armes les uns
contre les autres dès qu'ils se reconnaissaient. Enfin
les Autrichiens repassèrent l'Elbe, et, au point du
jour, le roi de Prusse se vit maître du champ de
bataille. Il avait perdu treize mille hommes de sa
meilleure infanterie ; la perte des Autrichiens fut de
douze mille hommes tués ou blessés et huit mille
prisonniers. Torgau se rendit le lendemain d'une
victoire si chèrement achetée. Frédéric recouvra
toute la Saxe, excepté Dresde, la Silésie et la Poméranie, et fut en état d'envoyer un secours de huit
mille hommes au prince Ferdinand. Les Suédois
furent repoussés jusqu'à Stralsund ; les Russes re-
prirent leurs quartiers d'hiver en Pologne.

La perte de la bataille de Torgau ne nuisit point

à la réputation de Daun. Frédéric lui-même reconnut qu'il ne devait la victoire qu'à la blessure que ce général avait reçue. Marie-Thérèse, guidée par cette magnanimité qui lui était si naturelle, prodigua au feld-maréchal de plus grands honneurs qu'après ses succès les plus éclatants, et, lorsqu'il retourna à Vienne, elle alla en personne à sa rencontre à la distance de deux milles.

Pendant l'hiver de 1760 à 1761, Marie-Thérèse s'occupa avec activité des moyens de porter les derniers coups à la puissance de son terrible adversaire. Les Autrichiens, comme en 1760, devaient tenter d'opérer leur jonction en Silésie avec les Russes, et cette fois ils y réussirent. Le commandement de l'armée de Saxe fut confié au feld-maréchal Daun, et celui de l'armée de Silésie à Laudon, puissamment secondé par une grande armée russe que commandait Boutourlin. Celle-ci s'était avancée sur Breslau, pendant qu'une autre armée russe, sous les ordres de Pierre Roumenzoff, entreprenait le siège de Colberg.

La campagne de 1761 se passa tout entière en marches et en campements, peu intéressants pour nos jeunes lecteurs, mais qui offrent aux gens de l'art des sujets d'admiration. Ainsi Frédéric, ne voulant pas légèrement hasarder le sort d'un combat contre un ennemi qui avait acquis une grande supériorité par la réunion des Russes et des Autrichiens, s'établit dans le camp de Bunzewitz, dans une position avantageuse, d'où il couvrait à la fois Schweidnitz et

Breslau. Pour la première fois il imita la circonspection de Daun, et ne voulut pas hasarder la bataille. Il entoura son camp de retranchements formi-
dables, de fossés larges et profonds, de vingt-quatre
batteries, de palissades, d'un triple rang de chausse-
trapes, etc. Il resta près de deux mois dans cette
position, et les retranchements qu'il ne cessa d'y
élever furent regardés comme un modèle de fortifications de campagne. Laudon avait néanmoins résolu
de l'y attaquer ; mais les Russes ne voulurent pas
concourir à cette dangereuse entreprise ; ils aimèrent
mieux se diriger vers la place de Colberg, dont ils
s'emparèrent (16 décembre). Dans le même temps
les Autrichiens enlevaient Schweidnitz par un coup
de main, et il ne resta plus au roi pour la défense
de la Silésie que les places de Glogau, Breslau et
Neisse.

Depuis la perte de Dresde, la défense de la Saxe
était devenue fort difficile, et le prince Henri avait
beaucoup de peine à s'y maintenir contre le maréchal
Daun, qui ne lui laissait pas de relâche. Enfin, pour
comble de maux, l'Angleterre, qui avait cessé d'être
dirigée par lord Chatam, refusa les subsides accou-
tumés.

Tant de revers tombant à la fois sur Frédéric, ce
prince sembla en être accablé. Il passa deux mois
dans Breslau, triste, solitaire, n'allant pas même à
la parade. Il s'attendait aux dernières extrémités pour
la campagne suivante, quand un événement imprévu
vint le sauver de l'abîme où il était plongé. L'impé-

ratrice de Russie, Élisabeth, la plus redoutable et
la plus implacable ennemie de Frédéric, mourut le
5 janvier 1762, et sa mort appela au trône son neveu,
Pierre de Holstein, l'ami, l'admirateur enthousiaste
du roi de Prusse. Le nouveau tzar mit tant d'em-
pressement à lui plaire, que dès le mois de mars il
conclut une trêve avec Frédéric, puis signa un traité
d'alliance offensive et défensive; de manière que le
corps auxiliaire russe, sous les ordres de Tchernitcheff, qui jusqu'alors avait combattu les Prussiens,
se rangea de leur côté. C'était pour le roi de Prusse
ouvrir la campagne sous les auspices les plus favo-
rables. La joie qu'une révolution si heureuse inspira
à ce prince fut égale à l'accablement où l'avaient jeté
ses revers. Il sortit de sa retraite, se montra à ses
troupes, et reprit ses amusements favoris et sa manière de vivre accoutumée.

Les succès que ses armes avaient obtenus dans la
dernière campagne avaient porté l'impératrice-reine
à rejeter avec hauteur l'offre que l'Angleterre lui
avait faite de sa médiation. Par un principe d'économie mal entendu, Marie-Thérèse avait licencié vingt
mille hommes, et ses forces avaient encore été dimi-
nuées par une maladie épidémique qui avait forcé
d'éloigner un grand nombre de soldats. Daun prit,
au mois de mai, le commandement de l'armée de
Silésie; mais il se trouva inférieur en forces au roi
de Prusse, qui avait fait venir des troupes de la
Poméranie et du Mecklembourg. Les Autrichiens
furent encore découragés en apprenant que, par suite

de la défection de la Russie, Tchernitcheff, qui s'était retiré en Pologne, revenait sur ses pas pour se réunir aux troupes prussiennes, jonction qui rendrait l'armée du roi bien supérieure en nombre à celle de l'Autriche.

Toute l'attention du roi de Prusse se tourna d'abord sur la ville de Schweidnitz, en Silésie, ville que les Autrichiens avaient considérablement fortifiée pendant l'hiver, et dans laquelle ils avaient placé une nombreuse garnison commandée par le comte Guasco, général brave et expérimenté, que secondait un des plus grands ingénieurs de son temps, le général français Gribeauval.

Daun, qui s'était avancé pour soutenir cette place, se voyant menacé sur les flancs par les Russes, qui venaient de passer l'Oder, se replia successivement sur Bœgendorf et Ditmansdorf; mais il entretenait toujours ses communications avec Schweidnitz, de manière à en rendre le siège impraticable. Ces obstacles n'auraient pas arrêté longtemps Frédéric, si une nouvelle révolution survenue en Russie n'avait tout remis en question.

Pierre III ayant mécontenté, par des innovations ou des réformes faites à contretemps, l'armée, la noblesse et le clergé de son empire, il se trama contre lui une conspiration, à la tête de laquelle se mit l'impératrice, son épouse, dont il s'était aliéné l'affection par sa bizarrerie et ses brutalités. On l'avertit plusieurs fois de ce qui se passait; mais il ne voulut rien croire. Il refusa même de prêter l'oreille aux

avis que le roi de Prusse lui fit donner, et il demeura dans la sécurité jusqu'à la révolte qui lui coûta la couronne et la vie.

Catherine II, sa femme, que cette révolution plaça sur le trône de Russie, était fille de Christian-Auguste d'Anhalt-Zerbst, petit prince d'Allemagne au service de Prusse, et dont le père avait contribué à la réforme de la tactique dans l'armée prussienne. Elle n'en aimait pas pour cela davantage Frédéric, et dans le manifeste qu'elle publia à son avènement elle déclara ce prince ennemi du nom russe, et ordonna à Tchernitcheff de rentrer en Pologne. Cette nouvelle fut un coup de foudre pour Frédéric. Seulement il obtint de Tchernitcheff qu'il différât de trois jours son départ. Il mit ce temps à profit pour attaquer les deux postes retranchés de Burkesdorf et d'Ahmsdorf. Il en délogea les Autrichiens, qui étaient au nombre de huit mille et couverts par des lignes que défendaient la nature et l'art. Daun, qui ignorait la nouvelle révolution arrivée en Russie, craignant d'être attaqué par des forces bien supérieures aux siennes, se retira jusqu'à Tam-Hausen. C'était là ce que voulait Frédéric; les Russes, qui par leur présence avaient contribué au succès qu'il venait de remporter, se mirent en marche pour la Pologne. Schweidnitz fut investi sur-le-champ, et capitula après une très belle défense de soixante-neuf jours.

Ainsi finit la campagne de Silésie, province qui fut à jamais perdue pour la maison d'Autriche. Le roi de Prusse et le feld-maréchal Daun se portèrent

ensuite en Saxe. Le prince Henri y avait déjà coupé
la communication entre les impériaux et les Autrichiens commandés par Serbelloni. Ce général ayant
été rappelé, Haddick, qui lui succéda, rétablit cette
communication, et força le prince de Prusse à repasser la Mulde. Après avoir reçu des renforts considérables, Henri attaqua les Impériaux à Freyberg,
força leurs retranchements, et les défit avec perte de
trois mille hommes, tués et blessés, de quatre mille
faits prisonniers, de plusieurs drapeaux et de vingt-
huit canons. Un corps de troupes prussiennes détaché contre la Bohême brûla la ville d'Egra, détruisit
les magasins établis à Saatz, et s'avança presque
sous les murs de Prague. Un autre corps traversa la
Saxe, pénétra jusqu'au cœur de l'Allemagne, leva des
contributions de toutes parts, jeta l'épouvante à Ra-
tisbonne, où la diète se trouvait en séance, et contraignit Nuremberg et plusieurs autres villes et États
à signer un acte de neutralité. Daun, ne pouvant
arrêter ce torrent, conclut (24 novembre), pour la
durée de l'hiver, un armistice qui comprit la Saxe et
la Silésie, et les deux armées se retirèrent dans leurs
quartiers.

Les alliés de l'Autriche ne furent pas plus heureux.
Du côté de la Westphalie, les Français essuyèrent
une suite de revers; et à la fin de la campagne ils
ne conservèrent plus dans la Hesse d'autre place que
Ziegenayn, que les alliés étaient sur le point d'inves-
tir; lorsque la signature des préliminaires de paix
mit fin aux hostilités.

L'Espagne, pour s'être alliée à la maison d'Autriche, perdit Cuba et Manille; sa marine fut considérablement affaiblie, et son commerce fut ruiné par les corsaires anglais.

La France, malheureuse sur terre et sur mer, épuisée d'hommes et d'argent, à qui les Anglais, outre les pertes qu'elle avait déjà faites, venaient d'enlever une partie des Antilles, et qui voyait son commerce anéanti et ses vaisseaux retenus dans ses ports; la France fit des propositions que le cabinet britannique s'empressa d'accepter. L'Angleterre n'avait plus rien à attendre de la prolongation des hostilités; la nation était fatiguée de combats qui n'ajoutaient rien à sa sûreté ni à son agrandissement. Comme des deux côtés on désirait la paix, les conditions en furent facilement réglées. Le 5 novembre 1762, un traité entre la France, la Grande-Bretagne, l'Espagne et le Portugal, fut signé à Fontainebleau. Frédéric II accéléra, par ses projets ambitieux, qui revinrent avec la fortune, et par ses invectives contre la mauvaise foi du cabinet britannique, la défection de l'Angleterre, qui avait retiré le subside, voyant qu'il s'opposait seul à la pacification générale.

Plusieurs considérations portaient Marie-Thérèse à plier son esprit impérieux et à désirer la paix. La révolution de Russie ne lui avait pas procuré les avantages qu'elle avait espérés. La nouvelle impératrice, au lieu de former avec elle une alliance offensive contre la Prusse, comme l'avait fait Élisabeth, s'était contentée de faire évacuer la Prusse par ses

troupes, et tout le reste de la campagne elle avait
observé une stricte neutralité. En outre, Marie-Thérèse voyait ses États héréditaires exposés aux incursions des Prussiens, et la Hongrie menacée par les
Turcs, que le roi de Prusse excitait à prendre les
armes. Des motifs non moins puissants étaient l'embarras de ses finances, la défection de tous ses alliés,
la terreur qu'éprouvaient divers États d'Allemagne,
le découragement de plusieurs de ses ministres, le
déclin de la santé de l'empereur et les dissen-
sions qui s'étaient élevées dans sa famille. En conséquence elle fit adresser à Frédéric des propositions qui furent accueillies, et il se tint des conférences à Hubertsbourg, château de l'électeur de
Saxe.

La paix fut conclue, le 5 janvier 1763, après une
discussion de peu de durée. Les traités de Breslau
et de Berlin formèrent la base de celui de Huberts-
bourg. Marie-Thérèse renouvela sa renonciation à la
Silésie et au comté de Glatz, et les deux parties
contractantes se garantirent réciproquement leurs
possessions. Toutes les places prises, tous les prisonniers faits pendant la guerre furent rendus. Le
roi de Prusse, par un article secret, s'engagea à
donner son suffrage en faveur de l'archiduc Joseph,
qu'on se proposait de faire élire roi des Romains.
L'empire fut compris dans le traité, et l'on y con-
firma les actes de la paix de Westphalie et les autres
constitutions du corps germanique. Un autre traité
séparé, qui eut pour objet l'évacuation de la Saxe

et la restitution des archives de Dresde et d'une
partie de l'artillerie saxonne, fut signé, le même
jour, au nom d'Auguste III et de Frédéric II.

Ainsi la pacification de Hubertsbourg, qui après
sept ans de carnage mit fin aux hostilités, rétablit
en Allemagne les choses sur le même pied où elles
étaient avant la guerre, sans qu'aucune des puissances
qui y prirent part, à l'exception de l'Angleterre en
Amérique, étendît les limites de sa domination.
L'Autriche et la Prusse ne retirèrent d'autre avantage
de tout le sang qu'elles avaient versé et des trésors
immenses qu'elles avaient dépensés, que d'avoir
mesuré leurs forces et conçu le désir salutaire de
ne point renouveler une lutte si terrible.

Marie-Thérèse eut de plus la douleur de voir l'attachement de ses alliés pour elle leur être funeste. La
Saxe fut épuisée à un point qui fit craindre qu'elle
ne se relevât jamais ; les États d'Allemagne qui
avaient embrassé la cause de l'Autriche furent ruinés
par des contributions énormes ; la France perdit la
Louisiane, le Canada, le Cap-Breton, avec toutes les
îles du golfe et du fleuve Saint-Laurent, la Grenade
et les Grenadines, Saint-Vincent, la Dominique et
Tabago ; l'Espagne renonça à la Floride et à toutes
ses possessions sur le continent d'Amérique, à l'est
et au sud-est du Mississipi. Nous ajouterons à ces
observations le résumé des pertes en hommes que,
d'après le roi de Prusse, les puissances belligérantes
firent pendant la durée de cette guerre.

Les Russes perdirent. . . . . . 120,000 h.
L'Autriche 140,000
La France, d'après ses propres éva-
  luations 200,000
Les Anglais et leurs alliés. . . . 160,000
Les Suédois 25,000
Les troupes des Cercles, dites des Im-
  périaux 28,000
La Prusse 206,000
           Total. . . . . . . 879,000 h.

Un pareil chiffre est plus éloquent que toutes les réflexions.

CHAPITRE XII.

Ce n'était pas une faible tâche que de cicatriser
les plaies causées par une guerre si longue et si
désastreuse. Marie-Thérèse s'y appliqua avec zèle,
et même elle n'attendit pas la signature du traité
pour s'occuper des moyens de ramener dans ses
États la prospérité que la paix seule peut donner.
Elle renouvela ou modifia les lois et règlements
qui avaient été établis dans le même but en 1749,

après la guerre de Succession, et elle s'attacha scrupuleusement à les faire observer.

Un des premiers résultats de la paix de Huberts-bourg fut l'élection de l'archiduc Joseph comme roi des Romains, élection qui se fit, sans opposition, le 27 mars 1764. La cérémonie du sacre eut lieu le 3 avril suivant. L'empereur conduisit lui-même son fils à Francfort, et jouit avec lui des témoignages de satisfaction et de joie que le peuple fit éclater dans cette auguste cérémonie. Ce fut pour Marie-Thérèse un jour de bonheur et de gloire que celui où elle vit placer sur la tête d'un rejeton de son sang cette même couronne impériale qu'on avait voulu enlever à sa maison.

L'année suivante, toute la famille impériale s'était rendue à Inspruck en Tyrol, où devaient se célébrer les noces de l'archiduc Léopold, second fils de l'empereur et de l'impératrice, avec l'infante Marie-Louise d'Espagne. Un événement bien douloureux vint tout à coup jeter le deuil et la consternation au milieu de ces fêtes. Le 18 août, l'empereur François se trouva mal au spectacle, et sortit accompagné de son fils aîné, le roi des Romains. En traversant une pièce voisine de son appartement, il fut frappé d'apoplexie. Il chancela d'abord ; Joseph le prit dans ses bras, mais il ne put le retenir. L'empereur tomba sur le parquet et expira sans pousser un seul soupir. Ce prince était âgé de cinquante-huit ans.

Nous n'essayerons pas de peindre la douleur de

Marie-Thérèse ; elle tomba d'abord dans un profond abattement, qui fit craindre un instant pour ses jours ; mais bientôt les consolations puissantes de la religion et le sentiment de ses devoirs envers sa famille calmèrent ses premiers transports, et lui firent accepter avec toute la résignation d'une âme forte le coup terrible qui l'avait frappée. Pour satisfaire sa douleur et sa piété, elle fonda à perpétuité à Inspruck un chapitre de douze chanoinesses, dont les fonctions étaient de prier pour le repos de l'âme de l'empereur. Voici en quels termes Marie-Thérèse parle de son mari dans une lettre adressée à une des archiduchesses ses filles : « Il a été mon compagnon, mon ami, la joie de mon cœur pendant quarante-deux ans. Élevés ensemble, nous avons toujours eu les mêmes sentiments, et il a adouci mes chagrins en les partageant. »

François Ier était loin d'avoir les grandes qualités de Marie-Thérèse ; aussi, quoiqu'il eût été nommé corégent des États autrichiens, ne possédait-il qu'une ombre d'autorité, et il ne songea jamais à en réclamer davantage. Son indolence naturelle et son peu d'ambition se conciliaient parfaitement avec cet état de nullité politique. Il était du reste enjoué, affable, poli ; mais les marques du rang suprême semblaient lui peser, et il suffisait à ce prince de donner, pour la forme, audience aux ambassadeurs des puissances étrangères. Il protégeait les littérateurs et les savants, et lui-même montrait du goût pour les lettres et les sciences ; mais ce qui

honore encore plus sa mémoire, c'est une infinité de traits de bienfaisance dont l'histoire et la tradition ont gardé le souvenir : dans le nombre, nous en choisirons deux qui méritent plus particulièrement d'être cités. Le 15 décembre 1752, le feu prit à Vienne, au magasin de salpêtre. L'empereur s'y transporta sur-le-champ. Comme il s'avançait pour donner des ordres partout où il y avait le plus de danger, un seigneur qui l'accompagnait lui représenta qu'il s'exposait trop. L'empereur lui répondit : « Ce n'est pas pour moi qu'il faut craindre, mais pour ces pauvres gens qu'on aura bien de la peine à sauver. » — Au cœur de l'hiver, un débordement du Danube inonda les faubourgs de Vienne. Les eaux s'étant élevées à une hauteur extraordinaire, plusieurs habitants cherchèrent un refuge sur le toit de leurs maisons. Depuis trois jours ils manquaient de nourriture. La rapidité du courant et les énormes glaçons qu'il charriait épouvantaient les bateliers les plus intrépides. François entre dans une barque, affronte le danger, et parvient jusqu'aux maisons. Son exemple est suivi, et l'on sauve une foule de malheureux qui allaient périr.

Le lendemain de la mort de François Ier, son fils aîné, en vertu de son titre de roi des Romains, prit celui d'empereur, sous le nom de Joseph II ; et Léopold, son frère cadet, fut aussi reconnu grand-duc de Toscane, conformément à l'acte de succession que son père avait promulgué en 1763.

Avant d'aller plus loin, nous croyons nécessaire

de faire le dénombrement de la descendance laissée
par François Ier. Marie-Thérèse lui avait donné seize
enfants, dont il restait, en 1765, quatre archiducs,
Joseph, Léopold, Ferdinand et Maximilien, et cinq
archiduchesses, dont l'une mourut au bout de
quelques années sans avoir été mariée.

Joseph, l'aîné des archiducs, né en 1741, empereur depuis la mort de son père, fut nommé, au
mois de septembre, corégent de sa mère pour tous
les États autrichiens, et chargé, en cette qualité, de
la direction des affaires militaires. Du reste, cette
corégence ne devait s'exercer qu'aux mêmes conditions que celles qui avaient été stipulées en 1740,
lorsqu'elle avait nommé son époux à cette dignité ;
c'est-à-dire que l'exercice de la corégence ne devait
déroger en rien à la souveraineté indivisible que
l'impératrice-reine conservait sur tous ses États.

Léopold, né en 1747, avait épousé, en 1765,
Marie-Louise, fille de Charles III, roi d'Espagne,
et avait, à cette occasion, été nommé prince héréditaire de Toscane. Il succéda à son père dans ce
pays, qui avait été déclaré l'apanage de la *secundo-*
géniture à jamais séparé de la monarchie autrichienne.

Ferdinand, né en 1754, fut marié, en 1771, à
Béatrix, fille du dernier duc de Modène de la maison
d'Este et de l'héritière des duchés de Massa et
Carrara ; Ferdinand devint la souche de la *tertio-*
géniture autrichienne, ou de la branche qui règne
à Modène, à la Mirandole, à Massa et à Carrara.

qu'ils fussent légitimes avant de faire prendre possession d'aucune partie de la succession de Bavière.
La fougue de Joseph l'avait emporté, sans changer
les dispositions pacifiques de sa mère. Aussi, dès
que les armées furent en présence, elle fit tous ses
efforts pour entamer, à l'insu de son fils, des négociations avec Frédéric, et empêcher les hostilités de
commencer. Elle eut de grands obstacles à vaincre ;
cependant, à force de persévérance, les négociations, après la courte campagne de 1778, furent
reprises sous la médiation de la Russie et de la
France. Enfin un congrès fut réuni à Teschen, au
mois de mars 1779, et la paix fut signée entre toutes
les parties belligérantes. L'impératrice-reine, par
une convention avec l'électeur palatin, renonça à
toutes prétentions à la succession de Bavière : seulement l'électeur abandonna à la maison d'Autriche
cette partie du cercle de Burghausen qui se trouve
entre le Danube, l'Inn et la Saltz. Une autre convention fut faite entre l'électeur palatin et l'électeur de
Saxe. Enfin, le même jour, un traité de paix fut signé
entre l'impératrice-reine et le roi de Prusse, traité
qui garantissait les pactes de famille entre les branches palatine et bavaroise. Les puissances médiatrices
garantirent et les deux conventions et le traité. Joseph II y accéda, comme héritier et corégent des
États autrichiens, et ils furent ratifiés par un acte
du corps germanique.

Marie-Thérèse a déclaré plusieurs fois qu'aucun
événement de son règne ne lui avait procuré plus de

satisfaction que la conclusion du traité de paix de Teschen. En recevant la nouvelle que le roi de Prusse avait accédé aux conditions que les puissances médiatrices avaient proposées, elle s'écria : « Je suis « ravie de joie! On sait que je n'ai point de partialité « pour Frédéric; cependant je dois lui rendre la jus-« tice de reconnaître qu'il a agi noblement. Il m'avait « promis de faire la paix à des conditions raison-« nables, et il m'a tenu parole. Je ressens un bon-« heur inexprimable de prévenir une plus grande « effusion de sang. »

Quoique l'intervention de la France à la pacification de Teschen procurât à l'Autriche des conditions honorables, néanmoins l'empereur Joseph manifesta hautement son mécontentement du refus qu'avait fait le cabinet de Versailles de fournir le secours stipulé par les traités, à l'occasion de la campagne précédente, et de n'avoir offert que sa médiation. Il ne cacha pas son projet d'abandonner le système français pour reprendre l'alliance naturelle avec la Grande-Bretagne. Son mécontentement était partagé par sa mère ; mais Marie-Thérèse ne voulait pas rompre avec la maison de Bourbon, à laquelle elle tenait par tant d'alliances de famille, et le prince de Kaunitz ne voulut pas servir d'instrument pour détruire un traité qui devait couvrir son nom d'une gloire immortelle. On se rapprocha cependant de l'Angleterre ; l'empereur, qui avait coutume de dire que son métier était d'être royaliste, se prononça contre la révolte des colonies américaines, et Marie-Thérèse offrit au

cabinet de Londres sa médiation pour empêcher la
guerre qui allait éclater avec la France.

Cette médiation ne fut pas acceptée. Rebutée en
Angleterre, l'Autriche résolut de se lier avec la
Russie. Il fallut pour cela rompre les liaisons intimes
qui existaient entre les cours de Saint-Pétersbourg
et de Berlin. Cette négociation ne pouvait être confiée
à un ministre ordinaire; ce fut l'empereur Joseph II
lui-même qui s'en chargea. Il sollicita et obtint facilement la permission de faire, comme simple particulier, une visite à Catherine II. L'entrevue des deux
souverains eut lieu à Mohilof, le 25 mai 1780. Joseph
suivit Catherine à Saint-Pétersbourg, et y passa tout
le mois de juillet. Ce voyage changea complètement
la politique de Catherine II, et mit fin à son alliance
avec la Prusse, tandis qu'elle contractait une alliance
étroite avec l'Autriche.

CHAPITRE XIV

Dernière maladie de Marie-Thérèse. — Paroles qu'elle adresse à ses enfants. — Sa mort. — Ses funérailles. — Caractère de Marie-Thérèse. — Jugement porté sur cette princesse par un contemporain. — Détails curieux sur la cour de Vienne et sur Marie-Thérèse, en 1779, par un voyageur anglais. — Piété de Marie-Thérèse. — Son attachement pour la religion. — Jugement de Frédéric II sur cette princesse. — Pertes et acquisitions faites par la maison d'Autriche depuis l'avènement de Charles VI jusqu'à la mort de Marie-Thérèse.

La paix de Teschen et le renouvellement des relations avec la Russie furent les deux derniers actes importants du règne de Marie-Thérèse. Depuis longtemps cette princesse éprouvait des suffocations causées par son excessif embonpoint, et ses jambes enflaient. Après un déclin de santé progressif, elle fut, le 17 novembre 1780, attaquée de la maladie qui mit promptement fin à ses jours. Au milieu de ses souffrances, dont les assistants pouvaient à peine supporter la vue, Marie-Thérèse ne laissa pas échapper une seule plainte, pas un soupir, pas un seul mouvement d'impatience. Soumise aux décrets de la Providence, elle craignait seulement que la

résignation que lui donnait la religion ne l'abandonnât si sa tête venait à s'égarer. « Dieu veuille « que cela finisse bientôt ! s'écria-t-elle en sortant « d'une crise, sans quoi je ne sais si je pourrais le « supporter plus longtemps ! » Ce fut dans le même esprit qu'elle dit à l'archiduc Maximilien : « Ma « fermeté et ma constance ne m'ont point aban- « donnée jusqu'à ce moment ; priez le Ciel, vers « lequel tendent tous mes vœux, pour que je les « conserve jusqu'au dernier instant. » A la suite d'une suffocation, elle vit l'empereur fondre en larmes : « Je vous supplie de m'épargner, lui dit- « elle, car cette vue pourrait me faire perdre toute « ma fermeté. »

Après avoir été administrée, Marie-Thérèse rassembla toute sa famille autour d'elle, et lui adressa ces paroles : « Mes chers enfants, je suis munie des « sacrements de la sainte Église ; et je sais qu'il n'y « a plus d'espérance de guérir de ma maladie. Vous « devez vous souvenir avec quels soins et quelle « sollicitude feu l'empereur votre père et moi avons « continuellement travaillé à votre éducation, com- « bien nous vous avons toujours aimés, et nous nous « sommes attachés à vous procurer ce qui pouvait « faire votre bonheur. Comme tout ce que j'ai au « monde vous appartient de droit, dit-elle ensuite « en regardant Joseph II, je ne puis en disposer. « Mes enfants seuls m'appartiennent et seront tou- « jours à moi. Je vous les remets, soyez leur père ; « je mourrai tranquille si vous me promettez d'avoir

« soin d'eux en tout et partout. » Puis, adressant la
parole à ses autres enfants, elle reprit : « Regardez
« dorénavant l'empereur comme votre souverain ;
« obéissez-lui et respectez-le comme tel ; suivez ses
« conseils, mettez en lui toute votre confiance,
« aimez-le sincèrement, afin qu'il ait tout sujet de
« vous accorder ses soins, son amitié et sa bienveil-
« lance. » Après ce discours, Marie-Thérèse donna
à chacun d'eux sa bénédiction. Tous pleuraient et
sanglotaient. Voyant leur profonde affliction, elle leur
dit avec calme : « Je crois que vous ferez bien de pas-
« ser dans une autre chambre pour vous remettre. »

Chaque fois qu'elle revenait d'un évanouissement,
Marie-Thérèse s'occupait du soin du gouvernement
avec l'empereur. La veille même de sa mort, elle
signa toutes les dépêches de sa propre main. Elle
écrivit au prince de Kaunitz pour le remercier des
fidèles services qu'il lui avait rendus dans le cours
de son règne. Elle chargea le comte d'Estherhazy,
chancelier de Hongrie, de remercier en son nom la
nation hongroise de l'attachement et de la fidélité
qu'elle lui avait montrés et des secours qu'elle en
avait reçus ; et en même temps elle la fit prier d'agir
envers l'empereur, son fils et successeur, comme elle
avait agi envers elle.

Dans la nuit du 29 au 30 novembre, elle parla
longtemps à Joseph II, qui l'invita à tâcher plutôt
de prendre quelque repos. Elle lui répondit : « Dans
« quelques heures je dois paraître au jugement de
« Dieu, et vous voulez que je puisse dormir ! »

Si, dans ses derniers moments, Marie-Thérèse regretta la vie, ce ne fut point pour jouir encore des vains honneurs du pouvoir suprême ; elle craignait que les personnes que soutenaient ses charités secrètes ne fussent privées de tout moyen de subsistance lorsqu'elle ne serait plus. « Si je désirais vivre « encore plus longtemps, dit-elle peu d'instants « avant d'expirer, ce serait pour soulager les mal- « heureux. » (On sait que cette princesse faisait tous les ans pour deux millions tournois de pensions sur sa cassette.) Elle conserva jusqu'au dernier moment une sérénité d'esprit qui paraissait au-dessus de la nature humaine, et qui ne pouvait provenir que d'un sentiment profond de religion, et de la conscience d'avoir toujours fait son devoir. Cette grande princesse mourut le 29 novembre 1780, à neuf heures moins un quart du soir ; elle était âgée de soixante-trois ans six mois douze jours, et dans la quarante et unième année de son règne.

Le corps de Marie-Thérèse fut, dès le 1er décembre au matin jusqu'au 3 du même mois, exposé sous un vêtement très simple, comme elle l'avait désiré. L'urne qui renfermait son cœur fut portée, le 2 au soir, dans la chapelle de Notre-Dame-de-Lorette, qui est attenante au palais. Ses entrailles furent déposées dans un caveau pratiqué devant le maître-autel de l'église métropolitaine de Saint-Étienne, où se trouvent celles des autres princes et princesses de la maison d'Autriche. Le 3 décembre, au soir, son corps, placé sur un char funèbre, fut conduit à

l'église des Capucins, puis descendu dans le caveau où elle avait fait élever un monument pour elle-même et pour l'empereur François son époux. Cette dernière cérémonie se fit avec la pompe accoutumée ; mais, selon l'ordre que Marie-Thérèse en avait donné, on ne prononça point d'oraison funèbre.

Le caractère de cette princesse est tracé d'une manière assez distincte par l'histoire même de son règne, pour qu'il nous suffise de dire ici qu'elle était de facile accès, qu'elle aimait avec tendresse tous ses enfants, qu'elle était remplie de bonté pour ceux qui étaient attachés au service de sa personne, et qu'elle avait une charité sans bornes, dont elle exerçait les œuvres sans ostentation. Elle savait concilier une stricte économie avec la générosité d'une souveraine, unir la condescendance à la dignité, l'élévation de l'âme à l'humilité d'esprit, et les vertus privées aux qualités brillantes qui font l'ornement du trône. Pendant toute la durée de son règne, c'était elle qui donnait le mouvement aux ressorts très compliqués de sa vaste monarchie. Rien de plus glorieux que sa vie publique jusqu'au malheureux partage de la Pologne, qui restera nécessairement comme une tache à sa mémoire. Quelques défauts, quelques petitesses même rappelaient encore que Marie-Thérèse participait aux faiblesses de la nature humaine. Ainsi elle prêtait facilement l'oreille aux espions et aux adulateurs, et se plaisait à pénétrer dans les secrets de famille. Par là elle contractait souvent des préventions in-

Église Saint-Étienne à Vienne.

10*

justes, dont il était difficile de la faire revenir. On l'a vue souvent résister à ses ministres quand ils lui proposaient l'avancement d'hommes de mérite qui avaient honorablement servi l'État, mais dont la conduite privée avait déplu. Avec un grand fonds de bonté et de justice, elle fut aussi quelquefois outrée et injuste. Mais ces taches disparaissaient devant l'éclat de ses rares et magnanimes qualités : et l'équitable postérité l'a déjà placée au premier rang des souverains qui ont illustré leur siècle. Le plus bel éloge qu'on puisse faire de cette princesse est renfermé dans ces mots : « Elle était adorée de ses sujets, et, au bout de quatre-vingts ans, son souvenir est aussi vivant qu'au moment de sa mort. »

Voici le jugement qu'un contemporain de Marie-Thérèse a porté sur elle trente ans après sa mort :

« Dans le gouvernement de ses États, dit M. de Dohm[1], la douceur et la bonté de son caractère se montraient accompagnées de majesté ; son cœur éprouvait le besoin de se voir entouré d'hommes heureux et contents. Elle a fondé un grand nombre d'institutions qui ont augmenté le bien-être de ses États. Sincèrement attachée à l'Église, sévère observatrice des devoirs religieux, elle ne laissa jamais prévaloir ce sentiment au point de permettre que ses droits

[1] Cur. W. von Dohm, *Denkwürdigkeiten meiner Zeit*, ouvrage cité par M. Schœll, et qu'il regarde comme unique dans la littérature allemande.

comme souveraine fussent violés[1]. Elle s'efforça de donner plus de simplicité et de célérité à la marche des affaires et à la procédure civile. Elle adoucit les lois pénales et abolit la torture. Elle diminua les charges publiques et mit de l'ordre dans les finances. En divisant et morcelant les grands domaines, elle mit en pratique un précepte d'économie rurale long-temps méconnu. Sans cesse occupée du soulagement des cultivateurs, elle adoucit la rigueur du servage et réduisit à des règles fixes les obligations du paysan et les droits du seigneur territorial. En réprimant les prétentions des hautes classes de la société, en tant qu'elles étaient justement odieuses aux classes infé-rieures, elle inspira à la noblesse des sentiments dignes du rang qu'elle occupe dans la société, et un désir de se distinguer par l'instruction et les connais-sances qu'auparavant elle avait négligées. Elle inspira à toutes les classes l'amour de la patrie et la plus vive affection pour la souveraine ; ce sentiment a été rarement aussi exalté, dans quelque monarchie que ce fût, que sous Marie-Thérèse. Chacun de ses sujets l'aimait comme une mère ; quiconque approchait de sa personne l'admirait et la vénérait. Malgré les guerres qu'elle fut obligée de soutenir, et les charges qu'elles entraînèrent après elles ; malgré l'augmenta-tion des dettes, les peuples étaient heureux sous son sceptre ; et la postérité la plus reculée bénira le nom de Marie-Thérèse. »

[1] Cet éloge est équivoque, ou plutôt il se comprend assez, et il n'a en lui-même rien d'honorable.

Elle avait un air de grandeur, relevé dans sa jeunesse par les charmes d'une admirable beauté, qui la
faisait passer à juste titre pour la plus belle princesse
de l'Europe. Ses yeux, quoique d'un gris clair, étaient
expressifs et pleins de douceur ; des mœurs pures et
douces ennoblissaient ses grâces ; une élocution éner-
gique, un son de voix majestueux, un abord riant,
en un mot, tout son extérieur montrait qu'elle était
faite pour régner. L'âge apporta de notables changements à la beauté de ses traits ; mais elle conserva
toujours un air de dignité et de bonté qui inspi-
raient le respect, l'affection la plus dévouée. Voici
quelques détails sur Marie-Thérèse recueillis par
un voyageur qui visita la cour de Vienne en 1779,
c'est-à-dire l'année qui précéda sa mort. Le portrait qu'il trace de cette princesse à cette époque,
et les détails qu'il donne sur son genre de vie, ne
sauront manquer d'exciter l'intérêt de nos jeunes
lecteurs.

« La personne de Marie-Thérèse n'offre plus aucune trace des charmes que la nature lui avait pro-
digués. Son âge, le grand nombre d'enfants auxquels
elle a donné le jour, et enfin la petite vérole, ont
extrêmement altéré ses traits. Elle a gagné cette
maladie en 1767, près de la seconde femme de
l'empereur actuel, et sa vie a été en danger. On m'a
assuré qu'auparavant elle pouvait encore passer pour
belle, quoiqu'elle fût devenue très grosse et très
lourde ; un accident qu'elle a éprouvé ensuite a fini
par la rendre méconnaissable. Allant de Vienne à

Presbourg dans une calèche, elle fut renversée et
tomba si rudement la face contre terre, que son
visage en fut meurtri, et que l'inflammation et l'en-
flure qui s'ensuivirent faillirent lui faire perdre la
vue. On est parvenu à la lui conserver; mais il a été
impossible de remédier à l'altération causée par le
déchirement de la peau. Cependant la plus grande
bonté est toujours empreinte dans les traits de Marie-
Thérèse. Cette princesse n'a point recours à l'art dans
sa toilette. Ses cheveux sont relevés très plats sous
sa coiffure de crêpe noir, et coupés très courts sur le
cou. Comme elle les a gris, elle porte toujours de la
poudre (c'était généralement la coutume de cette
époque). Depuis la mort de l'empereur, elle n'a pas
quitté le grand deuil. L'affaiblissement de ses
jambes l'empêche de marcher longtemps, et même
pour les soutenir, on les lui serre dans des guêtres.
Lorsqu'elle était jeune, elle aimait beaucoup la danse
et les divertissements publics. Les jours de gala elle
joue aux cartes dans la salle de l'assemblée, mais
dans aucun autre temps elle ne se livre à cet amu-
sement. Quand il y a bal à la cour, elle y reste jusqu'à
onze heures.

« Pour témoigner sa douleur de la mort d'un époux
qu'elle aimait tendrement, elle n'a jamais depuis
cette perte habité le premier étage du palais de
Vienne. Ses appartements sont au second et exposés
au midi, quoiqu'elle soit si peu sensible au froid,
qu'au milieu de l'hiver même elle tienne ses fenêtres
ouvertes toute la journée, et que souvent elle fasse

éteindre le feu. L'empereur, qui, au contraire, est très frileux, est obligé de passer une fourrure lors-qu'il lui fait visite.

« L'antiquité n'a pas laissé de plus parfait modèle de tendresse conjugale que celui qu'offre l'impératrice-reine. Le 18.e de chaque mois, elle descend au caveau des Capucins, où sont déposés les restes de son époux, et elle passe dans la retraite et la prière, au château de Schœnbrunn, tout le mois d'août, qui est celui où ce prince est mort.

« Voici la manière de vivre et les occupations ordinaires de Marie-Thérèse. Elle se lève à cinq heures du matin en été et à six heures en hiver. Après ses prières particulières, elle entend une messe, puis elle s'occupe d'affaires. A neuf heures, elle as-siste à une seconde messe. Elle dîne ensuite très sobrement et presque toujours seule. Immédiatement après, elle se remet au travail. A Schœnbrunn, si le temps le permet, elle passe quatre à cinq heures sous un berceau dans les jardins. Une ceinture tient attaché devant elle un petit coffre rempli de divers papiers et mémoires qu'elle lit avec la plus grande attention. A six heures du soir, elle assiste à la béné-diction, et elle exige que ses filles y soient toujours présentes. Lorsque par hasard elles s'en dispensent, elle fait demander si elles ne sont pas malades ; et, dans le cas contraire, elle les réprimande fortement. Au mois de mars dernier, elle est restée depuis trois heures du soir jusqu'à six à genoux dans la cathé-drale de Vienne, occupée à prier Dieu de détourner

le fléau de la guerre, dont la succession de Bavière la menaçait.

« Marie-Thérèse donne, à jour fixe, audience à tous ses sujets indistinctement. Le mardi elle reçoit tous ses ministres. Le prince de Kaunitz seul est, à sa première demande, admis en sa présence en tout temps¹. »

Ce que Marie-Thérèse était dans ses dernières années, elle l'avait été pendant toute la durée de son existence ; aussi sa mort fut-elle celle d'un héros chrétien qui quitte la vie sans se plaindre, et les grandeurs sans les regretter. La religion pendant tout son règne fut toujours respectée et regardée comme le plus ferme appui du trône et comme le gage le plus assuré de la fidélité de ses sujets. Les jurements furent sévèrement défendus, la débauche et la licence réprimées, les mauvais lieux fermés, les jeux de hasard interdits. Mais la pente d'un siècle entraîné par une fausse philosophie, la contagion toujours croissante des vices qui en sont les fruits nécessaires, l'altération des mœurs publiques, l'affaiblissement des anciens principes d'ordre et de vertu, n'ont pas permis que son zèle fût couronné d'un plein succès. Dernier rejeton de la maison des Habsbourg, qui pendant plusieurs siècles avaient occupé le premier trône et tant d'autres trônes de l'Europe avec une chaîne de prospérités qui la firent surnommer *Felix*, elle a

¹ *Memoirs of the courts of Berlin, Dresden, Warsow and Vienna, in the years 1777, 1778, 1779, 1780,* by N. William Wraxall, esq.

CHAPITRE XIII

CHAPITRE XIV

21093. — Tours, impr. Mame.

TABLE 239

paru, par les événements qui ont suivi sa mort, avoir emporté dans le tombeau les bénédictions de sa famille. Ses talents et ses vertus la rendaient si respectable, que le roi-philosophe Frédéric II écrivait à d'Alembert : *J'ai donné des larmes bien sincères à sa mort : elle a fait honneur à son sexe et au trône; je lui ai fait la guerre, et n'ai jamais été son ennemi.*

Depuis l'avènement de Charles VI, la maison d'Autriche avait perdu les royaumes de Naples et de Sicile, les duchés de Parme et de Plaisance, le duché de Silésie, le comté de Glatz et les provinces situées au delà du Danube. Marie-Thérèse compensa en quelque sorte ces pertes par l'acquisition des royaumes de Galicie et de Lodomérie, et par celles de la Buchovine et du cercle de Burghausen. La maison d'Autriche acquit aussi sous son règne quelques États, qui accrurent son influence en Allemagne. Ce furent : 1° le comté de Hoben-Esm, qui, à la mort du dernier comte Guillaume-Maximilien, décédé sans postérité, fut conféré à cette maison; il donnait place sur le banc de Souabe. 2° Le comté de Falkenstein, qu'en 1667 Guillaume Wirie, comte de Daun, vendit à Charles III, duc de Lorraine; d'où il passa à l'empereur François-Étienne, qui le transmit à Joseph II, son fils aîné. Le comté de Falkenstein, qui donnait à la maison d'Autriche place sur le banc des princes, est remarquable en ce que Joseph II en prenait le nom dans ses voyages à l'étranger, ou quand il voulait garder l'incognito. 3° Le bailliage d'Ortenau en

Souabe, que Léopold Ier avait conféré comme un fief masculin au prince Louis de Bade, et qui, en 1771, à la mort du margrave Auguste-Georges, qui ne laissa point de postérité, retourna à la maison d'Autriche.

FIN

TABLE

CHAPITRE I

CHAPITRE II

CHAPITRE III

CHAPITRE IV

CHAPITRE V